FD

FD

Ouvrage coordonné
par Xavier Hernandez

Devenir animateur BAFA

Connaissances de base
& Outils d'accompagnement

amphora
27 rue Saint-André-des-Arts - 75006 PARIS

Ouvrage coordonné par Xavier HERNANDEZ.

Nous tenons particulièrement à remercier les personnes qui ont contribué à l'écriture de cet ouvrage :

Gaëlle ALBAIN, Lorris BAUMGARTNER, Hafid BEN KHELIFA, Jennifer BERTOLI, Frédéric CHARTREUX, Magali CHAUVIN, Nisrine CHDAK, Cyprien CIANFARANI, Frédéric COLLET, Maud DACQUIN, Teïki DELAFOY, Richard DIOT, Lorraine DUBOSC, Amandine DUCROT-GIRY, Sonia DUCROQUET, Louise FENELON-MICHON, Karim GHAZI, Xavier HERNANDEZ, Stefan JAQUILLARD, Radoine KACEMI, Marie MALINVAUD, Nora MEZIANE-PETERSON, Ridha MOKDAD, Thierry MOLLICHON, Justine PLACIER, Marie-Hélène REY, Ruddy ROUSSEAU, Yannis SAIT, Abdellah SANGARE, Anne-Sophie THIS, Romain TIROT, Lionel VIALON, Mattieu VILLARET.

Maquette : alphastudiocom.fr
Illustrations : Anne Milaire
Imprimé en Europe par Sagrafic
Plaza Urquinaona - 14, 7e, 3a - 08010 Barcelona

Première édition : mars 2012
Deuxième édition : juillet 2014
ISBN : 978-285180-938-4

Devenir animateur BAFA

PRÉFACE

L'animation en accueil collectif de mineurs est aujourd'hui et avant tout un véritable engagement pour la jeunesse. C'est bien grâce à vous, futurs animateurs BAFA, que des enfants et des adolescents vont pouvoir vivre pleinement des vacances, des expériences collectives en "colo" en continuité et en complémentarité de leur vie familiale et scolaire.

Si l'UCPA est un acteur majeur des accueils collectifs de mineurs, c'est bien pour créer des occasions de rencontres et d'émancipation de la jeunesse en relation avec son projet éducatif et sportif. L'animateur se rend attentif et disponible pendant son temps libre pour observer, dialoguer, éduquer et lui-même apprendre dans les relations qu'il tisse avec son public. C'est par cette passion, cette envie d'accompagner l'enfant et l'adolescent, de partager avec les autres adultes de l'équipe pédagogique, que l'énergie positive de l'animateur se déploie vers de réelles responsabilités. Cette confiance que nous lui accordons, permet de vivre de nouvelles expériences de créativité, de dynamiques collectives où règne le plaisir d'être et de faire avec les autres.

Le projet de l'UCPA vise à "permettre au plus grand nombre de jeunes, sans discrimination, de s'initier aux pratiques sportives et de se perfectionner, développer la solidarité et l'autonomie de ses usagers et œuvrer dans le sens de l'émancipation de la personne." Le projet éducatif et les démarches pédagogiques adaptées aux besoins et aux attentes du public, sont mis en œuvre par l'équipe d'animation tout au long de l'année au rythme des vacances scolaires. Près de 90 000 enfants et adolescents sont partis en vacances avec l'UCPA en 2013, encadrés par près de 4 400 animateurs engagés, et nous ne pouvons que nous réjouir de voir autant de sourires et de plaisir dans nos séjours.

L'organisation de ces séjours collectifs et éducatifs est rendue possible grâce aux animateurs, directeurs, mais aussi formateurs, qui s'engagent à construire la société de demain. Cette intention se construit dans la rencontre de leurs valeurs et de celles de l'éducation populaire, basée notamment sur l'émancipation, le vivre ensemble et le respect des différences.

Cet ouvrage s'inscrit donc dans cette vision de l'engagement citoyen. Il a pour ambition d'être un outil d'accompagnement tout au long de votre parcours de formation, du stage de formation générale jusqu'à l'approfondissement ou la qualification. Les contenus, élaborés par les formateurs, et s'appuyant sur des expériences vécues, ont ainsi vocation à vous accompagner dans votre projet de devenir de futurs animateurs.

Nous formulons le souhait que vous, animateurs de demain, par votre engagement et votre détermination en faveur de l'émancipation des enfants et des adolescents, saurez transmettre votre passion aux générations futures et ainsi promouvoir les accueils collectifs de mineurs et ce qui en fait leur spécificité depuis des décennies.

Xavier HERNANDEZ

Responsable Politique Sectorielle
Enfants, Adolescents, Jeunes Adultes

SOMMAIRE

1
L'UCPA

2
Le BAFA

3
Les
PUBLICS

4
STATUTS et
FONCTIONS de
l'ANIMATEUR

5
PÉDAGOGIES
et TECHNIQUES
d'ANIMATION

6
RESPONSABILITÉS et RÉGLEMENTATION

7
FAITS de SOCIÉTÉ

8
Le PARCOURS de FORMATION

ANNEXES

NOTES

1

L'UCPA

L'Union nationale des Centres sportifs de Plein Air

A L'ÉDUCATION POPULAIRE

Curieuse expression qu'emploient sans même le savoir des millions de personnes et qui paraît si abstraite pourtant !

L'éducation populaire a été investie par trois grands courants : laïc, ouvrier et religieux. Elle est née d'une déclaration de Condorcet en 1792[1], dont l'essor date du milieu du XIXe siècle pendant la révolution industrielle. À cette époque, les ouvriers n'ont pas ou peu d'éducation et certains militent pour leur apporter une éducation autre que celle de l'école ou l'université. La création de bibliothèques, ciné-clubs, groupes de réflexion, cours du soir dans les usines va apporter une éducation culturelle au sens large, mais aussi citoyenne. Il s'agit d'apprendre à penser, comprendre et repenser le monde dans lequel on vit.

Depuis cette période, beaucoup d'associations ont été créées et participent à l'éducation en complément – et autrement – de l'école et de l'éducation parentale.

1. Le rapport Condorcet (L'organisation générale de l'instruction publique, 1792) constitue une référence historique sur le plan de l'idéologie qui anime l'éducation populaire.

Au-delà d'une instruction nationale, indépendante, laïque et gratuite, permettant d'établir une égalité entre les citoyens, le rapport insiste sur la nécessité :

- **d'une éducation continue** "que l'instruction ne devait pas abandonner les individus au moment où ils sortent des écoles, qu'elle devait embrasser tous les âges, qu'il n'y en avait aucun où il ne fut utile et possible d'apprendre, et que cette seconde instruction est d'autant plus nécessaire que celle de l'enfance a été resserrée";

- **d'une éducation ouverte à tous :** "chaque dimanche l'instituteur ouvrira une conférence publique à laquelle assisteront les citoyens de tous les âges";

- **d'éviter l'oubli :** "en continuant ainsi l'instruction pendant toute la durée de la vie, on empêchera les connaissances acquises dans les écoles de s'effacer promptement de la mémoire...";

- **d'une éducation citoyenne :** "on instruira le peuple des lois nouvelles, des observations d'agriculture, des méthodes économiques qu'il lui importe de ne pas ignorer";

- **d'une éducation volontaire et active :** "tant qu'il y aura des hommes qui n'obéiront pas à leur raison seule, qui recevront leurs opinions d'une opinion étrangère, en vain, toutes les chaînes auraient été brisées en vain, ces opinions de commandes seraient d'utiles vérités ; le genre humain n'en resterait pas moins partagé entre deux classes : celle des hommes qui raisonnent, et celle des hommes qui croient. Celle des maîtres et celle des esclaves".

L'éducation populaire est une notion polysémique, à la frontière de la pédagogie (processus par lequel le destinataire de l'acte éducatif est associé à la définition des contenus légitimes de savoir transmis), du politique (développement des capacités de chacun à comprendre son environnement, à pouvoir s'y situer pour agir). Rechercher une définition unique de l'éducation populaire est probablement une ambition vaine. Nombres d'auteurs, de militants, d'acteurs de l'éducation populaire se sont attelés à cette tâche délicate...

Pour Geneviève POUJOL, historienne, l'éducation populaire est "un projet de démocratisation de l'enseignement porté par des associations dans le but de compléter l'enseignement scolaire et de former des citoyens"[2]. L'éducation populaire est associée au temps libre, à la vie associative, à l'éducation permanente, à l'éducation des adultes, au mouvement d'émancipation des ouvriers, à l'animation socioculturelle et à l'économie sociale.

Une double idée domine l'éducation populaire. Il s'agit de la nécessité d'une éducation de base, destinée aux enfants mais aussi d'une éducation prolongée durant toute l'existence de l'adulte.

Pour Jacques BERTIN (*pour le magazine Politis*), c'est l'éducation au sein du "temps de loisirs", mais par la pratique volontaire de la vie de groupe, la confrontation, le partage. C'est aussi l'éducation de chacun par chacun : l'éducation qui ne vient pas d'en haut, mais qui cherche à refondre la culture populaire en accordant une égale dignité à toutes les classes de la société.

2. p. 20, POUJOL Geneviève (sous la direction de), *Éducation populaire : le tournant des années 70*, L'Harmattan, 2003.

C'est également celle qui ne se limite pas à la "haute culture", ni même aux œuvres d'art, mais qui cherche la culture au sens large : sciences, techniques, sports, connaissance des arts, expression artistique...

C'est l'apprentissage de la citoyenneté : la citoyenneté qui n'est pas seulement la politisation (l'art de réfléchir sur la politique institutionnelle) mais également une pratique active, la capacité de parler en public, de savoir écouter, de gérer un groupe, de s'intégrer à la société... Une citoyenneté en acte. La citoyenneté est une utopie nécessaire, porteuse, qui fait avancer les choses, afin de devenir citoyen par l'action selon Sophie DUCHESNE. Être citoyen c'est agir pour être acteur de la société...

Voici un schéma synthétique de ce que peut être l'éducation populaire :

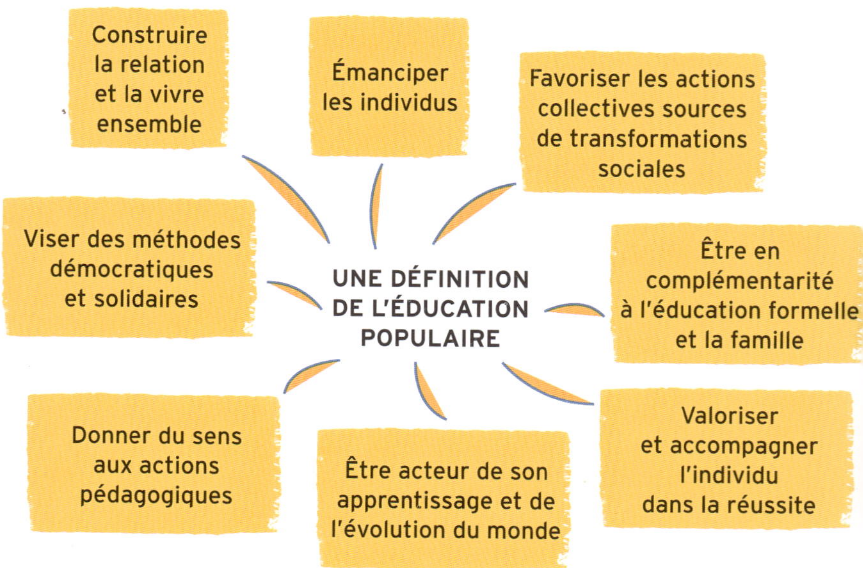

L'UCPA, de par ses missions sur ses stages sportifs et de formation volontaire ou professionnelle, contribue à une mission de l'éducation à destination de la jeunesse. Elle apporte ainsi une ouverture, une technicité sur des sports (nouveaux ou pas), en faisant vivre à des groupes d'enfants et adolescents des moments forts, qui contribuent à leur épanouissement et leur éducation.

B L'UCPA

Missions, valeurs et vocation de l'UCPA

Créer et faire vivre la rencontre par le sport, tel est le projet sans cesse innovant de l'UCPA pour mettre en œuvre son engagement humaniste, sa mission associative d'accessibilité et son autonomie d'entreprise sociale et solidaire.

L'UCPA (Union nationale des Centres sportifs de Plein Air) est une association d'éducation populaire née en 1965. Elle est une Union de personnes morales unique en France. L'association est composée des ministères en charge des Sports, de la Jeunesse et de la Vie associative, de l'Agriculture et du Tourisme, des représentants des collectivités territoriales, la Caisse des Dépôts et Consignations, près d'une trentaine de grands mouvements de jeunesse et d'éducation populaire, le CNOSF et les principales fédérations des sports de plein air. L'ensemble de ces partenaires s'engage sur les mêmes objectifs.

L'UCPA s'attache prioritairement à faire vivre la rencontre et à mettre en relation les publics qu'elle accueille, tant en vacances que dans les loisirs, par l'activité physique et sportive. L'UCPA propose plus de 80 activités sportives qui sont autant de supports et d'occasions pour créer et faire vivre le lien et générer le "sport-relation".

Affirmer dans le mouvement sportif cette proposition qui s'éloigne des logiques de compétition, de marchandisation, de médiatisation et qui met au centre de ses préoccupations et de ses actions la relation entre les personnes, fonde l'identité et les valeurs de l'UCPA.

Trois missions viennent compléter et enrichir cette ambition du "sport relation" :

- **Valoriser l'énergie positive des jeunes :** l'activité sportive et la rencontre permettent à cette énergie de se mettre en mouvement. L'UCPA considère que les jeunes sont une ressource et une chance pour la société, qu'ils sont porteurs d'une énergie qui doit pouvoir s'exprimer de manière positive.
- **Exprimer le pluralisme grandeur nature :** depuis son origine, l'UCPA est tournée vers le plein air. La relation respectueuse et responsable à l'environnement est au cœur du projet UCPA. L'enjeu pour l'association est de construire un lien durable entre la nature et des jeunes qui viennent de différentes origines (géographiques, culturelles, sociales,...) dans un objectif de mixité sociale.
- **Offrir des opportunités à tous :** le projet UCPA est centré sur l'accessibilité pour tous aux activités physiques et sportives. Il s'agit de permettre à chacun de pouvoir trouver sa place et être partie prenante de cette rencontre, quels que soient son niveau de pratique sportive, ses ressources économiques, son milieu social...

Le sport-relation c'est ainsi l'expérience unique UCPA de la rencontre par le sport. Il est en 3 Dimensions : il est **Démocratique**, vecteur de **Développement** et source de **Détente**. C'est ce que nous appelons le sport-relation en 3D.

Démocratique :

Le sport-relation est connecté et accessible à tous les groupes sociaux.

En plus d'un package accessible au plus grand nombre au plan économique comme technique, la moitié des jeunes accueillis en vacances bénéficie d'une aide financière à caractère social. Dans le cadre de programmes de solidarité, près de 6% d'entre eux, davantage en difficulté, sont concernés par un accompagnement social individualisé et une prise en charge financière adaptée. L'UCPA, c'est aussi la possibilité pour chacun d'être connecté aux communautés sportives de son choix, nous cherchons à rejoindre les jeunes dans leur univers en étant notamment ouverts au digital, qui est aussi un lieu de partage d'expériences et d'émotions.

Développement :

Le sport-relation est vecteur de Développement, éducatif et collectif.

Accroître son bien-être, développer son autonomie, être acteur de lien social et habiter l'espace de manière responsable sont les axes majeurs du projet éducatif déclinés par nos équipes. Le développement de chacun s'inscrit dans une expérience collective de vie et de rencontre (l'hébergement, l'encadrement des activités sportives, les animations..., sont collectifs). Employeur responsable et social, l'UCPA assure dans le cadre de son activité, une mission de formation aux métiers du sport et de l'animation.

Détente

Le sport-relation est source de Détente, de bien-être et de convivialité.

L'expérience de la rencontre par le sport repose à l'UCPA sur le plaisir, le bien-être, la qualité, la convivialité et le vivre ensemble. C'est aujourd'hui la proposition d'une cinquantaine de centres sportifs de vacances, situés sur les meilleurs spots naturels en métropole et outre-mer, et des séjours sportifs dans 70 pays sur la planète accueillent annuellement 220 000 jeunes dont 91 500 mineurs. Une cinquantaine de bases de loisirs de plein air et d'équipements sportifs (centres aquatiques, centres équestres, patinoires, skate-parks...), confiés en délégation de service public par les collectivités locales, accueillent annuellement près de 3 millions d'usagers.

Projet éducatif et sportif UCPA

(Voir annexe page 197)

La formation à l'UCPA

Chaque année, ce sont 1 800 jeunes en formation professionnelle et 3 800 autres en formation volontaire qui entrent à l'UCPA. Ce sont les moniteurs et les animateurs de demain, des femmes et des hommes qui ont l'ambition et la volonté de consacrer leur vie professionnelle et extra-professionnelle au sport et à l'animation. Certains rejoindront l'UCPA, d'autres iront dans d'autres accueils collectifs de mineurs, des organisations touristiques, des écoles de ski, des clubs de voile ou de plongée... Ce sont près de 65 % des diplômés en formation professionnelle qui trouvent un travail.

Organisme de formation depuis 1976, l'UCPA a fondé l'Institut de Formation aux Métiers du Sport et de l'animation en 1990 afin de renforcer les possibilités d'accès à ces métiers. Au programme sont proposées des formations longues conduisant à un métier et des formations courtes permettant une première expérience d'animation. L'UCPA s'inscrit également dans une logique de formation continue où chaque salarié peut progresser dans sa fonction et acquérir de nouvelles qualifications.

L'UCPA a pour vocation première de répondre aux besoins de l'UCPA. Le BAFA s'est développé depuis le milieu des années 90, et notamment à partir de 2003, suite au développement des vacances sportives dédiées aux enfants et adolescents. C'est pourquoi nous orientons nos stages d'approfondissement vers des thématiques de pratiques physiques, sportives et de plein air. Les qualifications BAFA nous permettent de continuer à former des animateurs souhaitant mailler l'encadrement des pratiques sportives au cœur du projet pédagogique. C'est ainsi que les stages Canoë-Kayak, Voile et Surveillant de Baignade ont une place majeure dans nos dispositifs de formations.

Projet de formation BAFA et BAFD de l'UCPA

(Voir annexe page 198)

NOTES

2

Le BAFA

Brevet d'Aptitude aux Fonctions d'Animateur

Témoignage

"Nous sommes au printemps 1980, et j'arrive à Toulon pour mon stage de base BAFA.

Je suis avec un copain de lycée et nous avons décidé de nous engager dans l'animation après avoir fait de multiples jobs d'été. Toulon, c'est loin de chez nous et, au-delà du dépaysement, nous nous retrouvons immédiatement dans une ambiance différente de ce que nous avons connu jusqu'alors : avec d'autres jeunes, accompagnés par les formateurs, nous abordons les multiples facettes de l'accueil d'enfants, de l'organisation des "colonies de vacances".

Chaque jour qui passe nous fait comprendre un élément essentiel et marquant : on nous fait confiance et on va nous confier les vacances d'autres jeunes. Une sacrée responsabilité s'annonce. Semaine inoubliable, déchirement dans les pleurs à la fin du stage !

Ces pleurs de fin de semaine, signes des regrets que "cela se termine", restent aujourd'hui un indicateur de l'ambiance d'une semaine !

Les autres stages se termineront de la même manière, puis d'ailleurs les multiples séjours encadrés par la suite !

Le stage pratique qui suivra finira de nous convaincre que notre choix était le bon. Le stage de perfectionnement, puis de qualification voile pour ce qui me concerne, ainsi que les premiers séjours encadrés ensuite, seront d'ailleurs détermi-

nants pour mon orientation scolaire et professionnelle : c'est vers l'animation que je veux me tourner.

Les jobs d'été se sont vite effacés au profit des multiples séjours animés à la montagne, à la mer, à la campagne avec à chaque fois cette satisfaction d'avoir contribué à faire vivre des instants pas comme les autres.

Que d'instants magiques vécus dans ces séjours où l'on a la chance de faire vivre aux autres des moments d'échanges, de complicité, de découverte de soi, des autres, d'un environnement, de multiples activités. On y voit briller des yeux, se modifier des comportements, se révéler des personnalités, se construire des caractères, s'y réaliser des apprentissages, éclore des talents. Que d'anecdotes se construisent dans un séjour, où, l'espace d'une parenthèse de vacances, de petits et grands bonheurs se tissent au quotidien. Que d'histoires à raconter au retour, du côté des enfants bien sûr, mais aussi du côté de l'équipe d'animation.

Bien sûr il y a la responsabilité, les tracas, les imprévus, mais tout cela n'est rien en contrepartie de tout ce que l'on vit et que l'on retire de positif lorsque l'on est animateur.

Plusieurs décennies après, avec le copain de lycée, il nous revient régulièrement des souvenirs vécus ensemble dans ces séjours.

Alors allez-y sans hésiter : devenez animateur, apportez votre pierre à l'édifice de l'engagement volontaire, faites vivre et vivez des moments d'exception !"

Thierry MOLLICHON,
directeur UCPA Formation de 2007 à 2013

Le Brevet d'Aptitude aux Fonctions d'Animateur est un diplôme de l'animation volontaire en Accueil Collectif de Mineurs (ACM), non professionnel, pour des fonctions d'animateur occasionnel sur les séjours déclarés auprès des Directions Départementales de la Cohésion Sociale (DDCS), pendant les vacances scolaires et certains temps périscolaires et extrascolaires.

A L'ORGANISATION DU BAFA

Le BAFA se déroule en trois étapes. Sur chacune des parties, les formateurs émettent une appréciation. La validation du diplôme revient à un jury présidé par un représentant de la DDCS. Il faut compter un délai maximum de 30 mois pour effectuer les trois étapes du BAFA à partir du premier jour de formation.

ÉTAPE 1

SESSION DE FORMATION GÉNÉRALE

- Il faut être âgé d'au moins 17 ans le premier jour de la formation. Sa durée est de 8 jours minimum et elle peut se dérouler en France comme à l'étranger.
- C'est une base indispensable à la fonction d'animateur : techniques d'animation, réglementation, connaissances des différents publics... Il s'agit de se positionner puis d'évoluer en tant qu'animateur responsable et autonome dans ses rôles et fonctions. Ainsi, à l'issue, le stagiaire revêt le titre d'animateur stagiaire pouvant exercer en accueil collectif de mineurs pour le compte du deuxième stage de la formation.

ÉTAPE 2

STAGE PRATIQUE EN QUALITÉ D'ANIMATEUR STAGIAIRE

- Le stage pratique doit être effectué dans les 18 mois suivant la session de formation générale. Il a une durée minimum de 14 jours et doit se dérouler en France.
- Ce stage est rémunéré ou non, selon l'organisateur de séjours de vacances ou d'accueil de loisirs. En séjour de vacances, il est possible de le fractionner en 2 stages alors qu'en accueil de loisirs le stage peut être réalisé sur les mercredis.

ÉTAPE 3

SESSION D'APPROFONDISSEMENT OU DE QUALIFICATION

- La troisième partie peut-être réalisée de deux manières :
  - soit une session d'approfondissement colorée par une thématique ;
  - soit une qualification afin de viser une compétence sportive particulière. À ce jour il existe quatre types de qualifications : voile, canoë-kayak, surveillant de baignade et activités de loisirs motocyclistes.

Le stage d'approfondissement

Il est d'une durée de six jours minimum. Il peut se dérouler en France comme à l'étranger.

Cette session permet d'une part d'approfondir les apprentissages de la session de formation générale et du stage pratique, et d'autre part de contextualiser des compétences dans des thématiques d'ACM (grandeur nature, neige et glisse, bord de mer, activités manuelles et techniques, pêche...). Cette formation permet au stagiaire de prendre de la hauteur sur ses acquis et de devenir critique et autonome dans ses actions pédagogiques. Il s'agit notamment :

- d'analyser et prendre du recul sur ses expériences de stage pratique ;
- de se positionner sur les débats d'actualité jeunesse en tant qu'adulte référent ;
- de faire le lien entre les projets : éducatif - pédagogique - d'animation - d'activité - du jeune ;
- de comprendre les enjeux et mettre en lien la vie quotidienne en ACM et la connaissance de l'enfant ;
- de concevoir l'activité de la thématique comme une découverte et une appropriation de l'environnement.

Le stage de qualification

Il est d'une durée de huit jours minimum et peut se dérouler en France comme à l'étranger.

Cette session permet de confirmer une reconnaissance technique dans un domaine particulier : voile, canoë-kayak, activités de loisirs motocyclistes ou surveillant de baignade.

Attention, cette formation ne correspond pas à un Brevet d'État d'Éducateur Sportif (BEES), un Brevet Professionnel de la Jeunesse, de l'Éducation Populaire et du Sport (BPJEPS) ou à un brevet fédéral.

B LES OBJECTIFS DE LA FORMATION

Avant d'évoquer les critères d'évaluation, il est important de rappeler les objectifs d'une formation BAFA. L'arrêté du 15 juillet 2015 relatif aux BAFA et au BAFD en ACM, définit les objectifs du BAFA selon 5 fonctions et 4 aptitudes :

1. Préparer l'animateur à exercer les fonctions suivantes :

- assurer la sécurité physique et morale des mineurs et en particulier les sensibiliser, dans le cadre de la mise en œuvre d'un projet pédagogique, aux risques liés, selon les circonstances aux conduites addictives ou aux comportements, notamment ceux liés à la sexualité ;
- participer à l'accueil, à la communication et au développement des relations entre les différents acteurs ;
- participer, au sein d'une équipe, à la mise en œuvre d'un projet pédagogique en cohérence avec le projet éducatif dans le respect du cadre réglementaire des accueils collectifs de mineurs ;
- encadrer et animer la vie quotidienne et les activités ;
- accompagner les mineurs dans la réalisation de leurs projets.

2. Accompagner l'animateur vers le développement d'aptitudes lui permettant :

- de transmettre et de faire partager les valeurs de la République, notamment la laïcité ;
- de situer son engagement dans le contexte social, culturel et éducatif ;
- de construire une relation de qualité avec les membres de l'équipe pédagogique et les mineurs, qu'elle soit individuelle ou collective, et de veiller notamment à prévenir toute forme de discrimination ;
- d'apporter, le cas échéant, une réponse adaptée aux situations auxquelles les mineurs sont confrontés.

C SYNTHÈSE

ÉTAPE 1

SESSION DE FORMATION GÉNÉRALE : 8 JOURS MINIMUM

Il s'agit d'apport de connaissances de base indispensables pour animer des groupes d'enfants et d'adolescents en accueils collectifs de mineurs.
Cours théoriques + mises en situation d'animation.
À partir de 17 ans révolus le premier jour de formation.

18 mois maximum

30 mois maximum

ÉTAPE 2

STAGE PRATIQUE : 14 JOURS MINIMUM

À réaliser dans un séjour de vacances, un accueil de loisirs, un accueil périscolaire (en partie) ou un accueil de scoutisme, déclarés auprès de la DDCS du lieu du stage.
Pour l'UCPA : envoyer une candidature spontanée sur http://recrutement.ucpa.com.

ÉTAPE 3

SESSION D'APPROFONDISSEMENT : 6 JOURS MINIMUM

Elle permet, après avoir dressé un bilan des étapes précédentes, de bénéficier d'apports complémentaires et de se perfectionner sur une thématique,
et/ou

SESSION DE QUALIFICATION : 8 JOURS MINIMUM

Elle permet d'acquérir une compétence technique et pédagogique dans un domaine (voile, canoë-kayak, activités de loisirs motocycles, surveillant de baignade). Un niveau technique est requis.
Elle donne des prérogatives d'encadrement sportif en accueil collectif de mineurs.

JURY BAFA

D PROCÉDURE D'INSCRIPTION ET SUIVI DU CURSUS DE FORMATION

"Depuis la publication du rapport d'audit de modernisation le 6 janvier 2006 relatif à "la mise en place de télé-procédures d'inscription aux examens et formations", le Ministère de la Santé et des Sports et le Haut Commissaire à la Jeunesse, dans le cadre du processus de modernisation de l'État, se sont engagés dans une démarche de simplification des procédures administratives."

Extrait de www.jeunes.gouv.fr/bafa-bafd

Pour faire simple, tout est dématérialisé sur Internet.

Cette procédure vous permet :

- de vous inscrire à la formation ;
- d'effectuer les démarches administratives liées à votre cursus (inscription, demande de dérogation, prorogation...) ;
- de suivre l'évolution de votre cursus, de consulter et d'éditer les pièces contenues dans votre livret de formation ;
- de consulter l'ensemble des informations utiles à la réussite de votre formation.
- de présenter votre dossier en jury pour valider votre cursus et obtenir votre diplôme.

Il n'y a plus de certificat complété sur papier avec les formateurs lors de vos stages de formation. Pour le moment, seul le stage pratique est en partie sur feuillet et sur Internet (voir questions/réponses).

Tout se fait informatiquement.
C'est pourquoi votre numéro de candidat Jeunesse et Sports est obligatoire !

Avant de vous inscrire auprès d'un organisme de formation, vous devez créer votre profil Internet sur le site www.jeunes.gouv.fr/bafa-bafd. Vous obtiendrez ainsi un numéro d'identifiant à conserver (et à communiquer) tout au long de votre formation.

Gestion du compte

Lorsque vous vous connectez sur votre compte dématérialisé BAFA-BAFD à l'aide de votre adresse e-mail et de votre mot de passe, vous accédez à votre espace personnel qui comporte trois onglets :

- accueil : informations générales, alertes, livret de formation, inscription à un nouveau cursus... ;
- identité : vos coordonnées, changement du mot de passe... ;
- cursus : rappel des étapes de formation (appréciations, rapports, avis...).

À la fin de chaque étape, une fois que l'appréciation est validée d'une part par l'organisme de formation puis par la DDCS, elle apparaît dans l'onglet "Cursus". Soyez vigilant aux "Alertes" de l'onglet "Accueil" qui vous indiquent quels sont les documents manquant à l'administration. À titre d'exemple, un candidat ne peut être présenté en jury final s'il n'a pas fourni la copie de sa carte d'identité.

Questions/réponses

Comment faire pour compléter la partie stage pratique sur le site dématérialisé ?

Aujourd'hui, la procédure est la suivante :

1. le directeur vous délivre une copie du certificat signé mentionnant un avis motivé sur vos aptitudes à assurer les fonctions d'animateur ;

2. le certificat original est transmis par le directeur à la DDCS du lieu du stage ;

3. vous recopiez tous les éléments figurant sur votre certificat papier (dont appréciation) sur votre espace dématérialisé en vous connectant sur votre compte BAFA (onglet "cursus").

Votre stage pratique sera pris en compte après vérification par l'administration de l'adéquation entre le certificat envoyé par le directeur et celui que vous aurez rédigé sur votre compte BAFA .

J'ai perdu mon numéro de candidat Jeunesse et Sports.
Vous vous êtes inscrit sur le site www.jeunes.gouv.fr/bafa-bafd avec votre adresse e-mail. Ce dernier est votre identifiant. Si vous avez perdu le mot de passe, vous pouvez le retrouver en cliquant sur "mot de passe oublié". En cas de problème, il faut contacter la DDCS de votre lieu de résidence. Une fois connecté, vous retrouvez le numéro de candidat en haut de page Web.

Comment puis-je prouver que j'ai bien réalisé et validé mon stage de formation générale ou mon stage pratique ?
Lorsque vous êtes connecté sur votre compte, vous avez la possibilité d'imprimer le livret de formation du BAFA. Lorsque le certificat de stage de formation générale est rempli informatiquement, cela signifie que vous l'avez bien réalisé (il regroupe tous les éléments de votre formation comme les dates, lieu, organisme, validation ou non, commentaires...). Sur ce document, en revanche, ne figurera aucune signature ni tampon (de la DDCS comme de l'organisme de formation).
Si la personne qui vous recrute met en doute ce document de formation générale, invitez-la à se rendre avec vous sur votre profil BAFA dématérialisé afin de prouver que vous avez bien validé la formation générale.

Comment m'inscrire à une qualification complémentaire dès lors que j'ai le diplôme du BAFA ?

Si vous avez votre diplôme du BAFA et si vous avez un compte Jeunesse et Sports, il n'est pas nécessaire de créer un nouveau compte. En bas de votre onglet "Accueil", vous devez cliquer sur "s'inscrire à un nouveau cursus".

Si vous n'avez pas de compte Jeunesse et Sports (pour les diplômés d'avant mai 2010), vous devez vous créer un compte tel que proposé dans l'interface.

Il suffit ensuite de suivre les indications puis de vous inscrire auprès d'un organisme de formation habilité.

Comment obtenir mon diplôme BAFA à l'issue du cursus ?

Il faut tout d'abord que le dossier informatique soit complet, notamment l'enregistrement de votre carte d'identité auprès de la DDCS de votre domicile.

Si vous avez validé les trois étapes favorablement, le passage de votre dossier en jury départemental est automatique. Dans le cas où l'un des stages est non favorable, vous devez demander le passage au jury manuellement en bas de la page "cursus" de votre profil Jeunesse et Sports. Nous vous conseillons dans ce cas d'envoyer un courrier motivant votre décision.

E LE STAGE PRATIQUE

Il est d'une durée de 14 jours au minimum *en 2 parties au plus et doit se dérouler en France. Ces parties devront comporter au minimum 4 jours effectifs. Pour être déclarée valables, les journées comprennent au minimum 6 heures. Elles peuvent être scindées en demi-journées d'au-moins 3 heures consécutives chacune. Lorsqu'il s'agit d'un accueil périscolaire, pour être déclarées valables les demi-journées comprennent au minimum 3 heures et peuvent être en discontinu.*

L'animateur stagiaire a le même rôle qu'un animateur diplômé. Il est cependant accompagné différemment par le directeur et l'équipe pédagogique. Il est rémunéré ou non par l'organisme de vacances ou de loisirs. Sa validation permet d'accéder au stage d'approfondissement ou de qualification.

Comment trouver son stage ?

Le stage peut être réalisé dans les accueils déclarés :

- en séjour de vacances ;
- en accueil de loisirs ;
- en accueil périscolaire (6 jours effectifs maximum) ;
- en accueil de scoutisme.

Les accueils collectifs de mineurs déclarés en séjour spécifique, en séjour de vacances dans une famille ou en séjour court, ne peuvent valider les stages pratiques.

Vous pouvez rechercher votre stage pratique dans différents organismes à partir du moment où il s'agit d'accueils déclarés parmi ceux présentés ci-dessus.

Au sein de l'UCPA, il faut déposer une candidature spontanée via le site de recrutement centralisé http://recrutement.ucpa.com (indiquer si le stage de formation générale a été fait au sein de l'UCPA).

Lorsque vous avez trouvé une opportunité de stage, il est important de vous renseigner un minimum sur l'organisme que vous avez choisi avant de postuler. Voici quelques pistes pour vous éclairer :

- consulter le site de l'organisme, **le projet éducatif** puis les séjours/accueils qu'il propose ;
- avoir un premier contact avec le directeur de l'ACM (publics, effectifs, lieu, activités, rôle du stagiaire, mais aussi le "feeling"que vous avez pour un futur stage avec ce directeur) ;
- demander au directeur qu'il vous envoie le projet pédagogique.

Comment candidater ?

Deux possibilités existent.

Effectuer une candidature spontanée

Faites le tour des organismes de votre ville (associations, maisons de jeunes, mairies...).

Vous pouvez envoyer votre candidature à l'UCPA et aux autres organisateurs de séjours de vacances, mais aussi aux structures qui organisent des accueils de loisirs, des accueils de jeunes ou des accueils de scoutisme déclarés.

Il faut faire jouer vos contacts (amis, connaissances, formateurs, CE de vos parents).

Répondre à une offre d'emploi ou de stage

Vous pouvez trouver des offres sur les sites des collectivités, des CRIJ (Centres Régionaux d'Information Jeunesse) et des différents organismes d'Accueils Collectifs de Mineurs.

Également, plusieurs sites internet regroupent de nombreuses annonces de recherches de stagiaires, en voici trois pour l'exemple www.planetanim.com - www.animnet.com - jobanim.com.

Une fois que vous connaissez un peu plus l'organisme ainsi que le cadre de votre potentiel stage, la prochaine étape est de susciter l'intérêt du directeur pour votre candidature. La rédaction de votre CV et de votre lettre de motivation est une vitrine de votre profil personnel. Voici quelques conseils pour leur réalisation.

CONSTRUIRE LE CURRICULUM VITAE (CV)

Ne vous inquiétez pas, si lors de l'élaboration de votre CV, celui-ci vous semble vide. C'est normal, si vous commencez l'animation.

Les huit règles d'un CV

- Écrire votre état civil complet.
- Indiquez vos prénom et nom.
- Rédigez votre adresse complète, précise et sans abréviation.
- Mettre votre numéro de téléphone fixe ou portable, celui auquel on peut vous joindre rapidement et sûrement.
- Indiquez votre âge, de préférence à côté de votre date de naissance.
- Rédigez une accroche efficace et percutante : **c'est un peu "l'enseigne"de votre CV. Elle doit être percutante et courte,** ex : *Animateur stagiaire passionné de théâtre...*

- Mettez en valeur vos activités bénévoles (voire professionnelles) ainsi que vos activités personnelles (pratiques sportives, culturelles, artistiques...). C'est le cœur du CV. Pensez à vos différents stages, contrats de qualification, jobs...

Pensez à indiquer :

- les dates de vos expériences ;
- le nom des organismes (les coordonnées si cela peut vous aider) ;
- vos fonctions et/ou missions ;
- vos formations, faites le tour de vos diplômes scolaires mais aussi les autres. Si vous avez des mentions, ajoutez-les ;
- les langues et précisez le niveau (notions, courant, bilingue) ;
- les connaissances informatiques ;
- la rubrique "divers"avec les permis, les loisirs ;
- indiquez si les activités révèlent votre personnalité ou ont un rapport avec le poste recherché. Soignez la forme en étant clair, concis, précis. Privilégiez un C.V. synthétique (sur une page).

Les quatre erreurs à ne pas commettre

- **Intituler votre CV "Curriculum Vitae".** On se doute qu'il ne s'agit pas de la liste des courses...
- **Donner des informations négatives.** Votre candidature doit être positive. Évitez "au chômage depuis un an..."
- **Signaler votre appartenance** qu'elle soit religieuse, syndicale ou politique.
- **Évoquer votre salaire** même si l'annonce demande de préciser des "prétentions". La rémunération n'est qu'un des éléments d'un ensemble (conditions de travail, horaires, autonomie, possibilité d'évolution, avantages sociaux ou en nature...).

ÉCRIRE LA LETTRE DE MOTIVATION

La lettre de motivation est une continuité du CV. Elle ne doit pas être en redondance mais en complément, afin d'affirmer des convictions et des compétences venant illustrer les expériences du CV. Il est important de pouvoir montrer dans la lettre que vous connaissez l'organisme et de faire apparaître des éléments propres à la structure d'accueil souhaitée : valoriser certains éléments concordant du projet éducatif avec votre personnalité, montrer l'importance des thématiques des accueils et/ou séjours au regard de vos différents hobbies...

Voici ci-après un exemple de lettre de motivation.

Julien DESPRES
17 rue des prés verts
56000 VANNES
06.56.23.22.01
j.despres@mail.com

M. USEPEA
Directeur du séjour
"Théâtre en méditerranée"
20 rue des cèdres
19000 TULLE

Paris, le 7 juin 2011

Monsieur,

[Introduction, poste souhaité] Suite à l'annonce que vous avez fait paraître sur le site de Planetanim, je souhaite vous faire part de ma candidature pour le poste d'animateur stagiaire au sein de votre équipe. **[Rappel de votre stage BAFA + organisme de formation]** J'ai effectué dernièrement mon stage théorique BAFA avec l'organisme ABCD. **[Présentation rapide de vous et vos intérêts en relation avec le poste]** Je suis un animateur de 18 ans, passionné par le théâtre et votre annonce pour le séjour " Théâtre en méditerranée" m'intéresse beaucoup. **[Compétences et expériences]** En effet, j'ai fait partie d'une troupe de théâtre durant deux années où j'ai pu acquérir de fortes connaissances en mise en scène, création de costumes et de décors. **[Diplômes supplémentaires pouvant ajouter de la valeur à votre candidature]** De plus, je suis titulaire du PSC1.

[Quelques idées d'activités que vous pourriez proposer, sans rentrer dans les détails] Dans le cadre de votre ACM, j'aimerais beaucoup mettre en place les activités suivantes...

N'hésitez pas à me contacter pour plus de renseignements.

Cordialement,
(signature)

NOTES

3

Les PUBLICS

A CONNAISSANCES DE L'ENFANCE ET DE L'ADOLESCENCE

Vous trouverez ci-après des tableaux synthétiques caractérisant les publics selon différentes tranches d'âges de 3 à 17 ans. Comme toutes caractéristiques types, elles classent, catégorisent, construisent une "norme"qu'il faut lire avec prudence.

Il faut donc utiliser ces tableaux comme repères pour mener à bien les animations et non comme la Vérité sur ce que sont les personnes. Les publics évoluent, les goûts et centres d'intérêts aussi...

Nous avons fait le choix de partager l'enfance et l'adolescence en quatre tranches d'âge : de 3 à 5 ans ; de 6 à 9 ans ; de 10 à 13 ans ; de 14 à 17 ans.

Pour toutes les tranches d'âge :

L'animateur doit s'adresser à son public selon son niveau de vocabulaire et de compréhension, mais aussi à sa hauteur pour les plus petits. La tendance du débutant est de montrer la difficulté ou de dénigrer l'aptitude de l'enfant. Il faut plutôt chercher à proposer de l'aide et valoriser voire féliciter la réussite et les bonnes conduites.

Il ne faut surtout pas surprotéger l'enfant mais plutôt l'accompagner dans ses prises de risques subjectives. C'est pourquoi il faut être attentif à la sécurité passive dans la préparation de l'activité.

L'animateur doit veiller à ce que les règles de vie collective soient respectées par les enfants mais aussi par lui-même et l'équipe d'adultes. L'enfant pouvant être en reproduction/imitation de l'adulte selon son âge, il faut être vigilant sur les attitudes et comportements des animateurs.

Enfin, il faut proscrire les relations fusionnelles (pour les petits) et trop affective (pour les adolescents). L'animateur n'est ni le parent ni le copain de son public.

À noter : l'animateur doit éviter d'avoir un ton et une attitude infantilisants, même pour les 3-5 ans.

La petite enfance : de 3 à 5 ans

C'est le début de tout, l'enfant vient d'apprendre à marcher entre les âges de 1 an et 2 ans, à parler, à découvrir son corps, son entourage. Il commence à être propre et est en plein complexe d'Œdipe. Il commence à comprendre les interdits. Il est très important d'apporter des explications à l'enfant. C'est la phase du "Non" au sein de laquelle l'enfant apprend à se différencier de l'autre en tant que personne.

Pour les 3-5 ans, la frontière entre réel et fiction, entre rêve et réalité n'est pas encore très claire.

"C'est la fée qui a fait ça..."

Ses besoins en particulier

- Découvrir son corps.
- Découvrir son sexe.
- Poser des questions.
- Être au centre des préoccupations.
- Comprendre les notions de bien et de mal.
- Apprendre des nouveaux mots sur le Monde qui l'entoure.
- Dormir et se reposer (12 heures par nuit + sieste).
- Varier fréquemment les activités (max. 20 à 30 minutes).

Ses Intérêts

- Jouer.
- Posséder ce qui l'entoure.
- Gagner.
- Imaginer.

Activités possibles

- Jeux d'éveil : de couleurs, de constructions, de manipulations.
- Jeux de puzzle, de rôle, de magie, de légendes.
- Contes, histoires, marionnettes, chants.
- Jeux de motricité : roulades, danse, sauts.

À propos de leur surveillance, elle doit être[3] :

- constante : les enfant ne peuvent être seuls sans la présence d'un adulte ;
- vigilante : la seule présence ne suffit pas, l'animateur doit être attentif ;
- active : l'animateur doit pouvoir intervenir à tout moment pour sécuriser son public (rétablir l'ordre, éviter ou prévenir des situations dangereuses,...).

Particularités dans la mise en place de l'accueil :

Il doit être accueillant tant pour les enfants que pour les parents afin de susciter l'envie de rentrer et de rester dans le centre. Un espace partagé, un sas, doit permettre aux parents et aux enfants de se quitter dans de bonnes conditions. Le café, du jus d'orange, des tartines... peuvent être proposés le matin, permettant de créer de la convivialité et de construire un bon relais entre les parents et les animateurs. L'enfant a besoin de se familiariser avec son nouvel environnement. C'est pourquoi il est important de faire découvrir le centre, en donnant les lieux interdits, ceux où l'enfant doit être avec un animateur et enfin ceux en autonomie (période d'adaptation).

Il est important que l'animateur prenne le temps, le matin, de bien prendre connaissance des prénoms, de se présenter aux enfants, mais aussi aux parents.

3. Jean-Pierre Vial, *Vacances et loisirs des jeunes : guide de la responsabilité*, Juris Animation (2003).

L'enfant construit ses repères, il est donc nécessaire de lui montrer le lieu où il va pouvoir poser ses affaires. La journée doit pouvoir être rythmée par des rituels de vie collective (regroupements, toilettes...).

Enfin, l'animateur doit contrôler les arrivées le matin mais aussi les départs le soir. Un nouveau passage de relais doit pouvoir s'effectuer le soir entre l'animateur et le parent. C'est pourquoi l'animateur qui accueille les parents ne doit pas être le même que celui qui s'occupe des enfants.

L'enfance : de 6 à 9 ans

Juste après la petite enfance, l'enfant est demandeur de nouvelles choses concrètes. À 7 ans, c'est l'âge de raison. Il est motivé pour tout, surtout à 9 ans. C'est ce que l'on appelle l'Âge d'Or.

Il prend aussi conscience des notions d'espace, de justice, d'injustice, des responsabilités que l'on peut lui donner et des notions de morale.

Ses besoins en particulier

- Maîtriser son corps.
- Se faire des copains/copines (non mixte).
- Expérimenter son environnement.
- Se conformer aux règles de l'adulte.
- Se référer à l'adulte.
- Se mesurer aux autres pour gagner.

Ses intérêts

- Être avec les copains.
- Jouer avec les règles.
- Pour d'autres personnes que les parents : animateur, professeur...

Activités possibles

- Début des grands jeux, jeux de piste, jeu de l'oie.
- Activités physiques.
- Jeux de construction.
- Activités manuelles, cabanes, dessins.
- Jeux de rôle : imiter des héros...

À propos de la surveillance : il s'agit des mêmes éléments que pour les 3 à 5 ans.

La préadolescence : de 10 à 13 ans

C'est l'âge où l'on entre dans la puberté. Beaucoup de choses changent dont particulièrement le corps et les relations avec les autres. Il remet en question ses repères établis pendant l'enfance. Il commence ainsi à rechercher "les siens". Le bouleversement physique est aussi important que le bouleversement psychologique.

Ses besoins en particulier

- Être autonome.
- Avoir de la reconnaissance.
- Être pris au sérieux et écouté.
- Trouver sa place au sein d'un groupe.
- Découvrir sa sexualité.

Ses attentes

- Faire de nouvelles expériences.
- Se valoriser vis-à-vis des autres.
- Pouvoir se défouler, s'éclater, s'extérioriser.
- Se confier.

Activités possibles

- Activités physiques, de compétition.
- Grands Jeux : journées thématiques avec étapes, poule / renard / vipère.

À propos de la surveillance (de 10 à 12 ans)[4] : les enfants ont "acquis un sens suffisant du danger pour rester libres de toute surveillance adulte dans l'exercice normal d'activités ludiques normales" pour un temps limité. C'est ce qu'estiment les tribunaux. Les enfants ne sont ainsi plus sous la surveillance continue de l'animateur. Ceci ne fonctionne que dans le cas de règles de vie bien définies et comprises par les enfants dans une durée limitée et identifiée.

L'adolescence : de 14 à 17 ans

C'est le moment où l'on souhaite être plus grand, trop grand pour réagir en tant qu'enfant, trop petit pour s'assumer totalement. C'est aussi le temps des grandes questions existentielles et des grandes idéologies.

"Le paradoxe de l'adolescence est de ne pas savoir ce que l'on veut et de le vouloir cependant à tout prix !"

Ses besoins en particulier

- Être en bande (mixte).
- Être considéré comme un grand.
- Être indépendant mais accompagné par l'adulte.
- Tester ses limites et l'inconnu.
- Être en opposition.
- Se défouler et ne rien faire.
- S'exprimer pour faire valoir son propos.

Ses Attentes

- Avoir une place et être reconnu dans le groupe.
- Faire ses choix (décider).
- Décider seul ou avec ses amis et faire.
- Prendre des risques.
- Être écouté et compris.
- Faire de l'activité ou laisser passer le temps.

4. Jean-Pierre Vial, *Vacances et loisirs des jeunes : guide de la responsabilité*, Juris Animation (2003).

Quelques propositions d'activités

- Activités sportives.
- Activités artistiques et d'expression : slam, graphisme, danse...
- Faire des projets en groupe.
- Faire des grands jeux festifs.
- Jouer et créer de la musique.

À propos de la surveillance (à partir de 13 ans)[5] : elle est allégée dans la mesure où l'on peut leur laisser une marge d'initiative et de risque (voir chapitre "L'éducation et la sécurité et l'approche du risque chez l'adolescent"). Il faut considérer l'adolescent comme étant capable de discerner les dangers et les risques dans la mesure où les consignes de sécurité ont été énoncées et comprises pour tous et par tous. C'est pourquoi la surveillance n'est pas nécessairement constante et rapprochée. Il convient donc de s'assurer que les consignes ont été :

- entendues par tous les adolescents ;
- comprises en vérifiant leur compréhension ;
- transmises avec fermeté pour être observées ;
- appliquées avec un contrôle de leur exécution.

5. Roselyne Van Eecke, *Agir en animateur responsable*, Journal de l'Animation n° 112 (octobre 2010).

La génération Z

La génération Z sont les natifs après l'an 2000. La particularité des jeunes de 12 à 15 ans est notamment le fait d'être né avec Internet et d'avoir grandi avec les Selfies, Facebook, Youtube, les blogs... ce sont les premiers "digital native".

Ils ne disposent pas à ce jour d'un pouvoir d'achat en particulier, sauf dans l'influence qu'ils peuvent avoir avec leurs parents. Ils seront des nouveaux consommateurs en 2020 (aux États-Unis ils représentent 8 % de la population).

À noter :

- ils manipulent jusqu'à 5 écrans connectés simultanément,
- 84 % d'entre eux regardent la TV tout en utilisant un appareil connecté,
- ils se connectent au moins 1 h par jour,
- 46 % estiment passer plus de 10 h en ligne dans la journée,
- leur présence massive et leur influence sur les réseaux sociaux sont très fortes : discussions, critiques de produits...

Il y a un double enjeu pour les capter et les motiver :

- chercher des animations pouvant utiliser l'ensemble des supports qu'ils manipulent : le smartphone, la tablette, la TV (en replay notamment), l'iPod, le lecteur MP3 et malgré leur perte de vitesse : l'ordinateur portable et l'ordinateur fixe ;

et surtout :

- chercher l'authenticité et ne pas tenter d'utiliser leurs vocables au risque de la maladresse,
- personnaliser autant que possible la communication avec eux.

Il faut rechercher l'authenticité, la transparence, tout en utilisant leurs modes de communication.

B LA SEXUALITÉ

Les aspects réglementaire et juridique de cette thématique sont traités dans le chapitre "Responsabilités et réglementation".

La sexualité fait partie intégrante de toute personne humaine. Elle revêt différentes facettes selon que l'on est enfant, adolescent, adulte, personne âgée... elle est à la fois un besoin essentiel et un aspect de la personnalité qui ne peuvent être séparés des autres aspects de la vie : "Elle influence nos pensées, nos sentiments et nos actions et interactions"[6]. C'est un langage à part entière qui se traduit en comportements, attitudes tant verbales que non verbales.

L'animateur devra essayer de comprendre ce langage afin de mieux agir avec son public. Il n'est souvent pas à l'aise avec le sujet de la sexualité. En général, il n'est pas préparé à parler de cette thématique. Il est souvent dans l'attente de questions de la part de son public plutôt que de parler simplement de ce sujet. **L'enjeu éducatif serait d'accompagner les enfants et adolescents dans leurs réflexions afin de faire évoluer leurs représentations, en cherchant à les enrichir de connaissances et à les confronter à d'autres points de vue.**

Avant l'adolescence, l'enfant exprimera en général la pensée de ses parents et des adultes qui l'entourent. Il aura des difficultés à concevoir que d'autres personnes puissent penser différemment.

6. Dr Christophe Guigné, http://www.ac-grenoble.fr/ia74/spip/spip.php?article641.

À l'inverse, l'adolescent va chercher à se construire sa propre opinion sur ce sujet, en considérant l'autre comme pouvant avoir une autre pensée. Les bouleversements physiques et physiologiques de cette tranche d'âge vont demander à l'adolescent de se réapproprier son corps. La sexualité est un moyen de se redécouvrir et de conduire sa propre identité sexuelle.

Les accueils collectifs de mineurs sont des lieux de socialisation au sein desquels l'enfant et l'adolescent trouvent de nouveaux repères ("re-pères[7]) en relais de la fonction parentale. Ils permettent de quitter un bref instant l'état de dépendance vis-à-vis des parents pour construire leur propre pensée et développer leurs capacités d'altérité affective et sexuelle.

On retrouve deux grandes étapes dans l'appropriation progressive de cette nouvelle sexualité à l'adolescence. Le jeune va chercher consécutivement à se rassurer sur :

La conformité anatomique : le jeune se regarde, se compare aux autres, cherche à entrevoir s'il est en avance ou en retard dans l'évolution de ses parties intimes (taille des seins, évolution des testicules, poussées des différentes pilosités...).

La fonctionnalité de cette nouveauté : les garçons vont chercher à comprendre les érections mal maîtrisées, à vouloir contrôler ce phénomène dans certaines situations (en maillot de bain à la baignade)... et les filles vont se poser des questions sur l'hymen et "l'élu" qui viendra le rompre, leur capacité à donner la vie et le désir de faire un enfant en test de fonctionnalité...

7. Dr Christophe Guigné, http://www.ac-grenoble.fr/ia74/spip/spip.php?article641.

En accueil collectif de mineurs, les animateurs rencontrent différentes situations pour lesquelles il est important de ne pas être maladroit, notamment au regard de la construction affective et de la sexualité de l'adolescent. Certaines interventions peuvent avoir parfois des effets difficilement réversibles, c'est pourquoi le travail et l'échange en équipe pédagogique et avec le directeur sont incontournables.

La masturbation

Il s'agit d'une très bonne manière pour découvrir sa sexualité. Une grande majorité des jeunes se masturbent, leur permettant ainsi de mieux connaître les parties sensibles au plaisir, la fonctionnalité pour les garçons... La masturbation vient également soulager certaines tensions physiologiques ou psychiques du fait de certaines frustrations, de peur d'aller vers les autres ou de manque d'occasions de rencontrer l'autre.

Il est très important de noter que la masturbation est une étape de la construction de la vie sexuelle qui a l'avantage d'être assez aisée à mettre en œuvre. **Elle relève de la sphère privée**. L'animateur ne doit donc pas condamner cette pratique si elle est faite par un jeune dans une situation où il est seul. *A contrario*, dans le cas où certaines pratiques surviennent : concours de masturbation entre garçons, vidéos avec Smartphone, lieu non propice à l'acte... l'animateur devra intervenir avec une certaine vigilance. L'échange avec le directeur et l'équipe pédagogique doit permettre à l'animateur d'intervenir avec raison. Il est important d'expliquer voire d'éveiller les jeunes aux risques de ces pratiques qui ne relèvent plus de la sphère privée.

Elles ont souvent pour objectif de rassurer le jeune sur sa capacité à faire, de la séduction à l'acte sexuel. C'est également l'occasion de contribuer à construire une meilleure image de soi, par la pratique de certains "essais".

Le premier flirt

L'âge médian au premier baiser s'est considérablement abaissé au cours de la seconde moitié du XXe siècle jusqu'à se stabiliser depuis une trentaine d'années à 14,1 ans pour les femmes et à 13,6 ans pour les hommes[8]. L'adolescent teste ainsi sa séduction, valorise son image de soi, qui devient nécessairement publique pour valoriser une certaine maturité. En accueil collectif de mineurs, l'animateur devra veiller à ce que ces flirts ne viennent pas tous azimuts remplir la place publique. Il faut sensibiliser les jeunes sur le caractère privé de ces pratiques et la nécessité de se mettre en retrait du groupe. Il ne nous apparaît pas pertinent d'interdire le flirt, mais plutôt de lui donner un sens personnel et intime (voire sensible) auprès des jeunes.

Le premier rapport sexuel

On constate que l'âge médian au premier rapport sexuel des jeunes n'a pas connu d'importante variation depuis trente ans : autour de 17,8 ans pour les filles et à 17,5 ans pour les garçons nés en 1985-1987.[9] Le seul changement au cours du temps concerne la disparition des premiers rapports tardifs[10]. Une enquête sur le Contexte de la Sexualité en France (CSF)

8. Fiche repère "sexualité"INJEP, juin 2012.
9. Baromètre santé 2005 de l'Institut national de prévention et d'éducation pour la santé (INPES).
10. BESSIN Marc, "les âges de la sexualité", Entretien avec Michel Bozon, Mouvements, 2009/3 n°59, p.123-132.

montre qu'un quart des jeunes femmes contre la moitié des jeunes hommes (18-24 ans) considèrent que l'on peut avoir des rapports sexuels avec quelqu'un sans l'aimer. Plus précisément, "si les garçons pour beaucoup d'entre eux déclarent lors des études sur la sexualité avoir eu leur premier rapport sexuel "par curiosité", la rencontre amoureuse est souvent, en particulier pour les filles, sous le signe d'une recherche de la complétude des sexes, d'un rêve de fusion amoureuse"[11] .

Cette fusion montre que la recherche du partenaire vise à projeter soi-même dans l'autre. En d'autres termes, cette expérience de recherche de cet idéal de soi-même dans l'autre peut être à la fois magique comme extrêmement douloureuse en cas de rupture. Ce sont des étapes qui permettent de faire grandir et évoluer le jeune dans sa propre personnalité. La recherche et la découverte de l'autre dans sa propre sexualité signent la fin des amours adolescentes et d'une forme d'égocentrisme sexuel. Le partenaire devient une personne ayant ses propres envies, désirs, jouissances que le jeune va chercher à partager.

Il ne faut pas interdire les relations sexuelles entre jeunes en accueil collectif de mineurs. C'est un acte naturel. Le devoir de l'animateur et de l'équipe pédagogique réside surtout dans la prévention des risques des pratiques sexuelles et dans les modalités de protection de ces rapports. Bien évidemment, ils doivent rester en intimité et ne doivent en aucun cas venir s'exhiber aux autres.

11. Dr Christophe Guigné, http://www.ac-grenoble.fr/ia74/spip/spip.php?article641.

Les premières règles pendant le séjour

En France, pour la grande majorité des filles (9 sur 10), les premières règles interviennent entre 11 et 14 ans[12]. C'est une étape importante chez les filles qu'il faut aborder avec **discrétion**. L'écoute et l'échange avec la jeune seront le plus important puisqu'il s'agira d'abord de la rassurer et de lever une partie de ses inquiétudes. Il n'est pas nécessaire de contacter les parents sauf si elle le demande.

Il est recommandé de prévoir des serviettes hygiéniques ou des tampons dans la trousse à pharmacie du séjour.

L'orientation sexuelle

C'est l'attirance sexuelle vers un sexe, un autre ou les deux (hétérosexualité, homosexualité, bisexualité). Elle est propre à chacun et ne peut être décodée par quelqu'un d'extérieur. Les indices comportementaux que nous associons à l'une ou l'autre orientation sexuelle (garçon efféminé, garçon manqué...) ne déterminent pas plus l'orientation sexuelle. "Les personnes qui se décrivent comme homosexuelles sont souvent des hommes et des femmes tout à fait représentatives de leur sexe social et affichant les caractères stéréotypes de la masculinité ou de la féminité."[13]

Le passage à l'acte à l'adolescence ne définit pas une orientation sexuelle de fait et définitive. Il s'agit souvent de rapports visant à situer le jeune dans sa propre sexualité en venant tester l'expérience sexuelle du même sexe. Ces passages à l'acte, qu'ils soient hétérosexuels et/ou homosexuels

12. INED, étude 1994.
13. Dr Christophe Guigné, http://www.ac-grenoble.fr/ia74/spip/spip.php?article641.

viendront conforter le jeune dans son orientation : soit hétérosexuelle, soit homosexuelle (5 à 7 %).

L'homosexualité masculine est très vite dégradée et le jeune se retrouve très rapidement associé à des insultes et à l'identité féminine[14]. Il devient exclu en tant que sujet désirant, visant un épanouissement personnel dans sa propre identité sexuelle. Il n'est pas rare que ses expériences soient empruntes de culpabilité. À l'inverse, l'homosexualité féminine est beaucoup plus acceptée. On retrouve souvent des filles qui se tiennent la main et qui se font des câlins sans pour autant qu'elles soient victimes d'insultes.

Les jeunes qui se questionnent sur leur orientation sexuelle n'ont pas souvent d'oreilles attentives et ne savent pas comment en parler. Il faut donc être très vigilant sur les brimades et insultes visant à dégrader une orientation sexuelle. Les jeunes peuvent très rapidement éprouver un mal-être et un renfermement sur eux-mêmes pouvant aller jusqu'à un état dépressif. C'est pourquoi l'animateur devra veiller à stopper et sanctionner tout jeune qui s'amuse à caractériser d'une manière répétée et continue un autre jeune d'un genre en particulier. Ce type de situation est l'occasion de créer un échange avec le jeune et de proposer une écoute attentive.

La pornographie

Elle a pris un tout autre visage aujourd'hui. La différence n'est pas tant dans le contenu mais plutôt dans son accessibilité voire sa sollicitation auprès des publics. C'est un facteur important de différenciation entre les générations d'aujourd'hui et les précédentes. De par la maîtrise des médias et

14. Dr Christophe Guigné, http://www.ac-grenoble.fr/ia74/spip/spip.php?article641.

des outils connectés, la pornographie est accessible à tout moment et à volonté aux jeunes.

La pornographie est une curiosité naturelle qui touche plus particulièrement les garçons puisqu'ils sont dans une disponibilité d'excitation immédiate et que leur sexualité passe davantage par le visuel que les filles[15]. Le problème étant que la pornographie laisse supposer qu'une sexualité épanouie est celle qu'il y a dans les films, avec une partenaire qui pousse des cris que le jeune n'arrive pas à retrouver avec sa partenaire. Le rapport sexuel devient une déception de ne pas retrouver des comportements d'acteurs. Les corps sont désérotisés au point de les considérer comme objet au lieu d'un sujet sensible avec lequel on partage des désirs et une intimité.

Il est beaucoup plus facile de rentrer dans la pornographie que d'en sortir. Beaucoup de jeunes s'interrogent d'ailleurs sur leur consommation répétée voire dépendante pour ce type de visuels.

Pour les enfants et les plus jeunes, les problèmes de ces sollicitations pornographiques sont l'irruption de ces images qu'ils ne peuvent comprendre dans leurs imaginaires. Il conviendra pour un animateur qui souhaite utiliser l'outil numérique de protéger en amont l'outil de ces sollicitations pornographiques.

Pour les plus grands, le danger réside dans l'émergence d'un corps objet pour l'un et d'un corps égoïstement centré sur sa jouissance et sa domination pour l'autre. La recherche du désir et de l'excitation peut entraîner une cascade de pratiques pouvant devenir des violences sexuelles. Elles

15. Dr Christophe Guigné, http://www.ac-grenoble.fr/ia74/spip/spip.php?article641.

peuvent surgir au point de devenir normalisées et banalisées. L'animateur a un rôle très important de prévention qu'il convient d'échanger en équipe pédagogique et avec le directeur.

Il faut aussi relativiser l'impact de la pornographie. "L'idée que la pornographie serait devenue la forme essentielle de socialisation des jeunes à la sexualité ne résiste pas à l'épreuve des faits. Très nombreuses sont les sources de discours et de représentation de la sexualité à l'époque contemporaine. Il y a les discours de la médecine, de la psychologie vulgarisée, de l'école, des magazines, les représentations littéraires et artistiques, la publicité, les discours entre pairs, les mouvements sociaux, les campagnes de prévention, les enquêtes sur la sexualité... C'est à partir de cette prolifération de références que les individus se situent. La pornographie n'a pas le rôle dominant qu'on lui prête habituellement dans ce vent de panique morale, même si dans notre société certains groupes continuent à penser que la représentation explicite de la sexualité est toujours socialement problématique."[16]

Débattre de ce sujet avec les adolescents est une réelle nécessité afin de leur proposer un cheminement et une réflexion sur leur propre identité sexuelle et de comprendre les effets de cette pornographie.

Le cybersexe

La cybersexualité est particulièrement accessible aux plus jeunes qui maîtrisent parfaitement les outils connectés. Cette accession à la pornographie est une porte ouverte sur le monde de l'industrie pornographique où les jeunes, mais aussi les

16. BESSIN Marc, "Les âges de la sexualité"Entretien avec Michel Bozon, Mouvements, 2009/3 n° 59, p.123-132.

enfants, sont en relation avec des propositions pulsionnelles de performance sexuelle qui ne correspondent pas à la réalité. Les avantages semblent évidents auprès des utilisateurs[17] :

- l'accessibilité à volonté 24h/24h ;
- le langage cool ;
- l'anonymat qui donne audace et apparente sécurité ;
- le "safe sex"[18] puisqu'on reste dans la virtualité ;
- le pouvoir à tout moment d'interrompre la relation ;
- l'absence de discrimination, quels que soient l'âge, le sexe, l'origine, le physique, puisqu'on avance "masqué".

L'offre de la facilité pornographique évacue les sentiments d'affectivité et installe une construction sexuelle en décalage de la réalité, en enfermant les jeunes dans des sur-représentations éloignées des sentiments qui sont le ciment de la relation humaine.

Les rencontres deviennent faciles et tellement plus simples vis-à-vis de la réalité qu'elles peuvent entraîner des cyberaddictions. Le corps ne devient plus qu'un objet de désirs à assouvir de manière compulsive. Dans la réalité, le jeune peut se retrouver confronté à un sujet qui n'a pas les mêmes attentes que ce qu'il souhaite assouvir. Il peut alors s'agir ensuite d'un cercle vicieux au sein duquel le jeune peut se retrouver prisonnier.

Quelques ressources permettant d'approfondir cette thématique :

- http://www.tarn.gouv.fr/IMG/pdf/amour_et_sexualites_des_ados-2.pdf ;
- http://www.ac-grenoble.fr/ia74/spip/spip.php?article641.

17. BESSIN Marc, "Les âges de la sexualité"Entretien avec Michel Bozon, Mouvements, 2009/3 n° 59, p.123-132.
18. Le "Safe Sex" est l'ensemble des pratiques sexuelles qui ne font courir aucun risque d'Infections (ou de Maladies) Sexuellement Transmissibles (comme le Sida) ou de grossesse.

Quelques contacts de personnes spécialisées :

- Enfance maltraitée : 119 ;
- Fil santé Jeunes : 3224, 01 44 93 30 74 depuis un portable, www.filsantejeunes.com ;
- sur la sexualité et le droit des femmes : www.planning-familial.org ;
- portail sur www.sexados.fr ;
- sur le SIDA : www.sida-info-service.org ;
- sur l'homosexualité, la bisexualité, la santé sexuelle : Ligne Azur 0810 20 30 40 et www.ligneazur.org.

C LA SITUATION DE HANDICAP

Le terme handicap provient d'une expression anglaise : "hand in cap" qui signifie littéralement "main dans le chapeau". Cette expression est issue d'un jeu d'échanges d'objets personnels pratiqué au XVIe siècle à Londres. Il fallait rétablir une égalité de valeur entre ce qu'on donnait et ce qu'on recevait. Un arbitre, le "handicapper", évaluant le prix des objets, était chargé de surveiller l'équivalence des lots afin d'assurer l'égalité des chances des joueurs. Ainsi, celui qui recevait un objet d'une valeur supérieure devait mettre dans un chapeau une somme d'argent pour rétablir l'équité.

Ce terme fut ensuite utilisé dans certains sports, notamment dans les courses hippiques où des handicaps étaient attribués aux chevaux (selon le poids du cheval, le poids du jockey, le sexe du cheval, etc.).

Pendant la première moitié du XXe siècle, la législation commença à prendre en compte ceux qui étaient considérés comme infirmes et exclus de la société. Sont alors apparues les premières lois et associations pour la défense des personnes infirmes, puis celles porteuses de handicap, des handicapés, des personnes handicapées et enfin des personnes en situation de handicap.

De quoi parlons-nous aujourd'hui ?

"Les états parties reconnaissent à l'enfant le droit au repos, aux loisirs, de se livrer au jeu et à des activités récréatives propres à son âge, et de participer librement à la vie culturelle et artistique."

Art. 31 de la convention internationale des droits de l'enfant.

La loi de 2005 à propos de l'égalité des droits et des chances pour les personnes handicapées ainsi que l'article 31 de la convention internationale des droits de l'enfant, réaffirment pour tous les enfants sans discrimination de pouvoir partir en vacances au sein des ACM.

La loi du 11 février 2005 pour l'égalité des droits et des chances, pour la participation et pour la citoyenneté des personnes handicapées, déclare que :

"constitue un handicap, toute limitation d'activité ou restriction de participation à la vie en société subie dans son environnement par une personne en raison d'une altération substantielle, durable ou définitive d'une ou plusieurs fonctions physiques, sensorielles, mentales, cognitives ou psychiques, d'un polyhandicap ou trouble de santé invalidant".

Cette définition réaffirme ainsi que "les personnes ne sont handicapées :

- ni par essence ;
- ni 24h/24 ;
- ni dans toutes les situations, ni dans toutes les activités.

Les personnes rencontrent des situations de handicap"[19].

Selon la définition de la loi, 6,5 millions[20] de personnes en France sont considérés comme étant handicapés, soit environ 10 % de la population. De manière plus large, 42 %[21] de la population française déclarent être affectés d'au moins une déficience. Voici les grandes catégories :

- La déficience motrice est une atteinte des mouvements corporels volontaires ou réflexes, pouvant modifier les capacités motrices de la personne comme le déplacement, le maintien de la posture, la préhension et la manipulation d'objets, la réalisation de certains gestes, etc.
- La déficience mentale est une limitation des performances des fonctions mentales sur le plan de la perception, de la compréhension, de l'abstraction, de la conceptualisation, de l'apprentissage cognitif et plus généralement sur la capacité à élaborer des réponses adaptées aux circonstances de la vie quotidienne.
- La déficience psychique peut prendre de multiples formes. Elle peut apparaître tout au long de la vie, être durable ou épisodique, affecter ou non les capacités intellectuelles et entraîner, à divers degrés, des troubles de la pensée,

19. Marie Cuenot, attachée de recherche au CTNERHI.
20. Enquête HID 1998-1999, Insee.
21. Enquête HID 1998-1999, Insee.

des émotions ou du comportement qui interfèrent significativement avec les exigences de la vie quotidienne ou empêchent d'y faire face.

- La déficience visuelle concerne tant les personnes aveugles que malvoyantes et ne peut être corrigée par des verres correcteurs. L'origine peut être génétique, congénitale (maladie, malformation) ou acquise (traumatisme). Elle comprend différents degrés d'incapacité visuelle variant d'une vision affaiblie jusqu'à une absence totale de la vue.

- La déficience auditive peut être légère, moyenne ou profonde, plus ou moins compensée par des prothèses ou implants. L'origine peut être génétique ou acquise (infection, traumatisme, prématurité). Elle entraîne, selon son degré et son origine, une incapacité ou une difficulté à oraliser. Plusieurs méthodes sont utilisées pour communiquer : langue des signes française, langage parlé complété (LPC), lecture labiale/communication orale, écriture.

Les différents types de séjours

L'accueil des personnes en situation de handicap peut prendre différentes formes :

- **Les vacances inclusives** : séjours classiques au sein desquels sont inclus des enfants et adolescents en situation de handicap, en mixité avec les publics valides présents. Il n'est généralement pas mis en place d'encadrement spécifique pour ce type de séjours, même s'il n'est pas rare que des animateurs référents soient recrutés ou détachés pour porter une attention particulière aux publics en situation de handicap. Ces derniers participent à l'ensemble des activités, parfois à l'aide de quelques adaptations lorsque cela est nécessaire.

- **Les vacances adaptées** : séjours dédiés aux personnes en situation de handicap. Pour ces séjours, un encadrement spécifique est mis en place pour la gestion de la vie quotidienne, dont le taux est généralement supérieur à celui rencontré dans le cadre des ACM. Les activités (matériel et encadrement) et le planning sont également adaptés pour permettre la pratique de tous et laisser du temps aux soins éventuels.

- **Les "transferts" d'établissements médico-sociaux :** séjours organisés directement par les structures qui accueillent tout au long de l'année des publics en situation de handicap. "Ces séjours ont pour les enfants concernés un caractère éducatif, pédagogique et thérapeutique et entrent dans le projet d'établissement ou de service comme dans le projet individuel de prise en charge des enfants qui en bénéficient."[22] Pour ces séjours, l'établissement constitue lui-même un groupe comprenant les publics et les encadrants dédiés à la gestion de la vie quotidienne. L'animateur BAFA n'a pas vocation à faire partie de l'équipe d'encadrement. Celle-ci est constituée généralement des professionnels des équipes pluridisciplinaires de l'établissement concerné.

Le rôle de l'animateur

L'envie de découvrir et de s'ouvrir à l'autre, la soif de la rencontre et du partage, l'attention portée à l'écoute et à la compréhension seront les principaux ingrédients qui permettront de surmonter la crainte de l'inconnu et les nom-

22. Circulaire DGAS/3 C/MEN/DES/MS/DS n° 2003/149 du 26 mars 2003 relative à l'organisation des transferts temporaires d'établissements pour enfants et adolescents handicapés.

breuses questions qu'une première expérience avec le public handicapé peut générer.

Le rôle de l'animateur consistera à s'adapter à chaque profil et à chaque situation. En effet, quelles que soient les déficiences, chacun est différent : son autonomie dans la vie quotidienne, ses capacités de compréhension et de communication, ses besoins, ses goûts et ses attentes le sont donc également. Nous pouvons cependant noter quelques variations concernant le positionnement de l'animateur, en fonction des degrés d'autonomie de son public :

- Les enfants et adolescents s'inscrivant en séjours inclusifs disposent généralement d'une bonne, voire très bonne autonomie. L'animateur saura alors se faire discret et proposera son soutien lorsqu'ils feront appel à lui ou lorsqu'un besoin concret se fera ressentir. L'accent sera mis sur la mixité avec les publics valides afin que ceux en situation de handicap profitent de leurs vacances comme les autres. L'animateur n'imposera pas de rythmes différents si cela n'est pas nécessaire médicalement ou expressément souhaité par les publics concernés. Il se rendra disponible pour mettre en œuvre les adaptations utiles à leur bonne intégration.
- Les enfants et adolescents s'inscrivant en séjours adaptés disposent généralement d'une moyenne ou faible autonomie. L'animateur saura se montrer présent auprès d'eux et apporter un soutien accru. Si, comme vu précédemment, il n'impose pas son aide si cela n'est pas désiré ou nécessaire, il devra toutefois être vigilant et s'assurer, à chaque étape de la journée, du bien-être, du confort et de la sécurité des personnes en situation de handicap.

La communication sera d'autant plus importante qu'elle permettra d'apprendre à répondre correctement à leurs besoins spécifiques et à créer une relation de confiance.

En ce qui concerne les transferts d'établissement, le rôle de l'animateur dépendra du projet pédagogique souhaité par la structure. Une prise de contact auprès de l'équipe encadrante est nécessaire, si possible en amont de l'arrivée sur le centre, pour se fixer des objectifs pédagogiques communs pendant le séjour : recherche de la mixité avec les publics valides présents sur le centre, le développement de l'autonomie dans un contexte différent de l'établissement, etc. L'enjeu sera alors de répondre à ces objectifs et d'accompagner également les publics valides dans la rencontre avec le groupe issu de l'établissement. L'accent devra être mis sur l'ouverture d'esprit et l'acceptation de la différence.

"Dans tous les cas, respecter la personne est important : il faut veiller à la dignité des personnes handicapées, ne pas les infantiliser ni les surprotéger. À aucun moment, l'animateur n'aura pour mission de se substituer au personnel médical"[23].

23. Guide "Vacances & Handicap. Accompagner, un job utile", UNAT Ile-de-France

D LA MALTRAITANCE

La maltraitance désigne des mauvais traitements infligés à des personnes que l'on traite avec brutalité, rigueur ou sévérité. Ces victimes sont souvent dépendantes et sans défense, mais pas toujours. La maltraitance a fréquemment des conséquences durables sur la santé physiologique et psychique des victimes.

- **La violence, physique, sexuelle, psychologique...** n'est pas seulement et toujours dans le sens de l'adulte à enfant. Elle peut également être entre enfants. L'intérêt est de se demander pourquoi.
- **Les médias**, par la multiplication des films ou émissions à caractère violent ou pornographique banalisent la violence et le sexe. On voit naître ici et là des viols organisés, collectifs, où les jeunes n'ont même plus conscience du mal qu'ils provoquent.

La maltraitance en accueils collectifs de mineurs peut être psychologique (difficile à discerner et pouvant venir du centre lui même : forcer à faire...), physique (plus facile à percevoir) ou sexuelle.

La maltraitance durant l'accueil ?

Au-delà des situations manifestement répréhensibles qui relèvent à la fois d'un signalement en justice pénale et d'une procédure d'interdiction d'exercice mise en place par le préfet, l'inexpérience, l'immaturité, le manque de formation ou tout simplement la fatigue, la détresse de l'animateur, du moniteur peuvent parfois conduire à maltraiter un enfant sans avoir l'intention, ni la conscience de lui nuire. Le ressenti de l'enfant ou de l'adolescent(e) est souvent différent de l'intention ou de la conscience de l'adulte.

Tous les personnels doivent être à même de prendre conscience des situations délicates et d'alerter lorsqu'ils sont témoins de ces types de maladresses, de brimades ou de maltraitance.

Maltraiter un enfant, ce n'est pas seulement donner des coups. Ce peut-être aussi lui faire ou le laisser subir des humiliations, créer ou laisser s'instaurer une ambiance de peur, voire de terreur, prendre ou laisser prendre un enfant pour cible, le persécuter par des moqueries ou des brimades, instaurer ou laisser s'instaurer un climat ambigu, le négliger, l'ignorer ou le singulariser parce qu'il est différent, utiliser ou laisser utiliser un vocabulaire visant à le dévaloriser, lui imposer des rythmes, des efforts, des charges de travail, des objectifs inadaptés, le forcer à faire des activités contre son gré sans nécessité éducative, exercer une autorité exagérée en criant ou en menaçant de punition.

La maltraitance peut se présenter sous diverses formes :

- le non respect des rythmes de vie ;
- certaines **punitions**, insultes, brimades... Ce sont des actes dévalorisants, désobligeants, dirigés vers une personne. Actes qui ont tendance à devenir systématiques. On peut alors parler de sévices moraux ;
- la malnutrition ;
- les coups ;
- l'exclusion...

Par ailleurs, l'animateur souhaitant réagir suite à une faute commise par l'enfant peut se révéler maltraitant si ce qu'il met en place :

- n'est pas en lien direct avec la faute ;
- n'a pas de caractère éducatif ;
- a une dimension collective alors que la faute est individuelle.

La maltraitance, une obligation de signalement

La loi oblige le directeur de l'accueil collectif de mineurs et par ailleurs tout membre de l'équipe pédagogique à signaler les suspicions de maltraitance. Il est important de prendre le temps d'écrire ce qui est dit par l'enfant, de décrire certaines manifestations afin de pouvoir objectivement rapporter aux services compétents les éléments suspicieux.

D'une manière générale, la loi impose à chacun de "ne pas se taire"et d'agir lorsqu'il a connaissance de la situation d'un enfant en danger ou en risque de l'être. Ainsi, l'article 434-1 du Code Pénal fait obligation à quiconque, ayant connaissance d'un crime dont il est encore possible de prévenir ou de limiter les effets ou dont les auteurs sont susceptibles de commettre de nouveaux crimes qui pourraient être empêchés, d'en informer les autorités judiciaires ou administratives.

L'article 434-3 du Code Pénal oblige pareillement quiconque, ayant connaissance de privations ou de mauvais traitements ou d'atteintes sexuelles infligées à un mineur de 15 ans, ou à une personne qui n'est pas en mesure de se protéger en raison de son âge, d'une maladie, d'une infirmité, à en informer les autorités judiciaires ou administratives.

Si un enfant vous fait des révélations de privations (alimentaires par exemple), de maltraitances ou d'abus sexuels ou en cas de suspicions, il convient d'en informer le directeur de l'accueil.

Dans les (très rares) cas où existent un danger immédiat et/ou des faits pénalement répréhensibles, le signalement peut se faire auprès du Commissariat de Police, de la Gendarmerie locale, ou du Procureur de la République.

En aucun cas le doute ou la suspicion n'autorisent l'attentisme et l'inaction. Signaler, c'est avant tout provoquer la mise en place de mesures de protection, d'aide et de soutien aux enfants et aux familles.

Il convient d'adopter une attitude adaptée à la situation. Vous, comme le directeur d'ailleurs, n'êtes pas compétents (ni en attribution, ni en savoir-faire) pour gérer seuls ces situations, mais néanmoins vous êtes l'un des maillons indispensables du dispositif mis en place autour de l'enfant (et de sa famille) pour le protéger dans l'immédiat et à plus long terme. Il est proscrit de rechercher les suites de ce signalement. En aucun cas l'animateur ne doit prendre position ni prendre des initiatives concernant la procédure. Dans tous les cas, il ne faut pas interroger l'enfant ; nous ne sommes ni pédopsychiatre, ni assistante sociale, ni gendarme mais animateur en accueils collectifs de mineurs.

Les personnels des accueils collectifs de mineurs, et en particulier les directeurs, ont la possibilité de contacter, de manière anonyme, le 119, numéro vert du SNATEM (Service National d'Accueil Téléphonique pour l'Enfance Maltraitée) qui peut apporter aides, conseils et soutien aux professionnels comme aux enfants et aux familles. Il peut recueillir les signalements et les adresser immédiatement aux professionnels concernés.

Si un enfant se confie à vous, il faut essayer de se limiter à une écoute rassurante. Sans prendre parti, il est utile de faire comprendre à l'enfant qu'il n'est en rien responsable de ce qu'il a subi et qu'il a raison de vouloir que cela cesse. Il ne faut surtout pas se substituer aux professionnels au point de commencer une enquête et de faire subir à l'enfant un interrogatoire.

En revanche, il convient de noter soigneusement dès que possible les détails objectifs (les noms, les lieux, les dates, les faits eux-mêmes) qu'il peut donner spontanément afin d'être en mesure de rapporter aussi exactement que possible ses paroles, les mots effectivement employés dans son vocabulaire d'enfant, en veillant à n'y rien ajouter d'interprétation personnelle. Il n'appartient pas au signalant de déterminer si ce que décrit l'enfant est réel ou non.

Son rôle se limite à faire savoir que l'enfant l'a dit, de rapporter ses paroles, qui en elles-mêmes constituent un fait objectif. Avoir une attitude professionnelle, ce n'est pas être dénué de sensibilité et d'émotion, c'est uniquement en avoir conscience et s'efforcer de prendre suffisamment de distance pour identifier ce qu'il y a de réel et d'objectif parmi le trouble que cela suscite (de manière tout à fait normale) au fond de chacun, et pour agir avec sa raison et sa technicité.

NOTES

4

STATUTS et FONCTIONS de l'ANIMATEUR

A TYPES D'ACCUEILS COLLECTIFS DE MINEURS (ACM)

Une partie de la réglementation des ACM est codifiée dans le Code de l'Action Sociale et des Familles. Elle en définit 7 types répartis en 3 grandes catégories : accueils avec hébergement, accueils sans hébergement et accueils de scoutisme. Ces accueils sont organisés sur des temps périscolaires ou extrascolaires :

- **Périscolaire** : les heures qui précèdent et suivent la classe (matin, midi, soir) et durant lesquelles un encadrement est proposé aux enfants scolarisés.
- **Extrascolaire** : les activités proposées aux enfants en soirée après leur retour à la maison, le mercredi après-midi ainsi que le samedi, le dimanche, les jours fériés ou pendant les vacances scolaires.

AVEC HÉBERGEMENT

Séjours de vacances	Au moins sept mineurs. Plus de trois nuits consécutives.
Séjours courts (Sauf séjour court accessoire d'un accueil de loisirs de 1 à 4 nuits)	Au moins sept mineurs. De une à trois nuits.
Séjours spécifiques	Au moins sept mineurs de 6 ans ou plus. À partir d'une nuit. *Séjours sportifs, artistiques et culturels, chantiers de bénévoles, rencontres européennes des jeunes, séjours linguistiques.*
Séjours de vacances en famille	De deux à six mineurs. Au moins quatre nuits consécutives.

SANS HÉBERGEMENT

Accueil de loisirs (dont séjours courts accessoires de 1 à 4 nuits, accueils périscolaires)	De sept à trois cents mineurs. au moins 14 jours avec 2 heures par jour minimum. une diversité d'activités organisées.
Accueil de jeunes	De sept à quarante mineurs de 14 ans ou plus. Quatorze jours ou plus. Répond à un besoin social particulier. *Ex : maisons de quartier.*

AVEC ET SANS HÉBERGEMENT

Accueil de scoutisme	Au moins sept mineurs.

B RÔLE ET FONCTIONS

La posture d'animateur est déterminante dans la relation avec l'enfant et l'adolescent. L'animateur est un adulte référent qui peut avoir valeur d'exemple pour les mineurs quel que soit leur âge. Il convient donc d'être très vigilant sur les comportements d'adulte responsable en tant qu'animateur. En effet, ils peuvent être différents de la posture que l'on peut avoir d'un point de vue personnel, et ce dans l'intérêt d'éducation collective.

L'animateur remplit trois grandes fonctions : animer, éduquer, surveiller.

- Animer = *animare* : donner de la vie.
- Éduquer = *educare* et *educere* : élever au rang d'homme et nourrir de connaissances et compétences.
- Surveiller = relatif à la sécurité.

Il est ainsi garant de la sécurité optimale de son public, tout en ayant une action d'animation avec des intentions éducatives visant à former le citoyen de demain.

Ainsi, conscient de son rôle éducatif, l'animateur se doit de donner du sens à son action, à chaque instant, qu'il s'agisse d'un temps de vie quotidienne ou d'un temps d'activité. Il inscrit son action dans le projet pédagogique. Le propre de la fonction d'animateur est d'arriver à conduire une action éducative tout en faisant passer de bons moments aux enfants.

Pour cela, les qualités d'adaptation, d'observation et d'anticipation de l'animateur BAFA sont nécessaires.

C LA PLACE DE L'ANIMATEUR DANS UN ACM

Voici un organigramme fonctionnel type d'un séjour de vacances.

- ORGANISME
  - DIRECTEUR
    - NIVEAU DE DÉLÉGATION DU DIRECTEUR :
      - ÉCONOME
        - CHEF CUISINIER
        - SECOND DE CUISINE
        - EMPLOYÉS DE COLLECTIVITÉ
        - FACTOTUM
        - LINGÈRE
      - ADJOINT PÉDAGOGIQUE
        - ANIMATEURS
        - MONITEURS SPORTIFS
      - ASSISTANT SANITAIRE

Ainsi l'animateur est en relation avec de nombreuses personnes.

ANIMATEUR (DIPLÔMÉ, STAGIAIRE OU NON DIPLÔMÉ)
- PERSONNES EXTÉRIEURES (COMMERÇANTS, HABITANTS...)
- DIRECTEUR
- PERSONNEL TECHNIQUE
- PARENTS
- PERSONNEL DE CUISINE
- PRESTATAIRES EXTERNES

Il est important de comprendre la place de l'animateur au sein d'un ACM pour la communication et l'organisation. En effet, toutes ces personnes, quelle que soit leur position hiérarchique, seront amenées à travailler ensemble, et donc à communiquer.

Exemple *: à qui dois-je m'adresser si j'ai (moi animateur) un différent avec un cuisinier et que nous n'arrivons pas à trouver un terrain d'entente ? Vais-je en parler avec le chef de cuisine ? Vais-je m'adresser à mon directeur ?...*

Le Contrat d'Engagement Éducatif (C.E.E.)

Par définition, l'engagement est l'acte par lequel on s'engage à accomplir quelque chose : promesse, convention ou contrat par lesquels on se lie (contracter un engagement, honorer ses engagements...). Dans le milieu de l'éducation populaire, on parle d'engagement lorsqu'un jeune décide de donner du temps pour d'autres jeunes.

En effet, il apparaît qu'avant toute chose, la résolution d'un jeune à s'inscrire dans une démarche de formation dans l'animation volontaire (et donc non professionnelle) relève d'un véritable choix, car il sous-entend une implication de soi, une volonté de vivre une aventure humaine, une envie d'apporter bonheur et plaisir aux enfants et adolescents accueillis.

L'animation et la direction d'accueils collectifs de mineurs, de séjours de vacances adaptées, la formation au BAFA et au BAFD entrent dans le champ de l'animation volontaire et engagée.

Depuis 2006, cette notion est d'autant plus évidente que le contrat créé pour les animateurs et directeurs de séjours de vacances et d'accueils de loisirs s'intitule le "Contrat **d'Engagement** Éducatif".

La Rémunération au sein du CEE

Elle est calculée sur une base minimale journalière équivalente à 2,20 fois le SMIC horaire, soit 21,142 euros la journée au 1er janvier 2015. Le salaire est journalier et ne peut être fractionné en demi-journées, une journée entamée est due. Lorsque les fonctions exercées supposent une présence continue auprès des publics accueillis, la nourriture et l'hébergement sont intégralement à la charge de l'organisateur de l'accueil et ne peuvent en aucun cas être considérés comme des avantages en nature. Le titulaire du contrat bénéficie de l'Assurance Maladie et cotise aux caisses de retraite.

La rupture anticipée du CEE

En cas de désaccord, le contrat d'engagement éducatif ne peut être rompu à l'initiative de l'organisme avant l'échéance du terme, sauf en cas de : force majeure, faute grave du titulaire du contrat, impossibilité pour celui-ci de continuer à exercer ses fonctions, accord amiable entre les parties.

En tant qu'animateur (stagiaire ou diplômé), il est important de connaître l'actualité du Contrat d'Engagement Éducatif (CEE). Voici sa présentation en 8 questions :

1. Qu'est ce que le CEE ?

Le Contrat d'Engagement Éducatif a été créé pour sécuriser l'emploi des personnels pédagogiques occasionnels des accueils de loisirs, des séjours de vacances et des formateurs BAFA et BAFD (Loi du 23 mai 2006 puis le Décret du 28 juillet 2006). Les textes relatifs au CEE sont définis dans le Code de l'Action Sociale et des Familles (CASF) depuis le 1er mai 2008.

La rémunération est journalière et forfaitaire. Ce contrat est modéré par son champ d'application réduit aux accueils collectifs de mineurs à caractères éducatifs, aux organismes de formations BAFA/BAFD et aux centres d'accueil pour adultes handicapés. Les organismes peuvent être à but lucratif. Ce contrat marque le caractère occasionnel de cet engagement, c'est pourquoi l'animateur ne peut être employé plus de 80 jours sur une période de 12 mois consécutifs, tout employeur confondu.

2. Pourquoi le CEE a-t-il été remis en question ?

Ce n'est pas le CEE qui a été remis en question mais le temps de repos des animateurs qui n'était pas conforme au droit du travail, en ce sens que les animateurs qui en bénéficiaient n'avaient pas 11 heures de repos par jour.

3. Les animateurs dépendent-ils également du droit du travail ?

Les spécificités de ce contrat résident dans son caractère dérogatoire vis-à-vis du Code du Travail (salaire horaire minimum, heures supplémentaires, temps de pause, travail de nuit) en dehors des 11 heures de repos quotidien.

4. Cela n'est-il pas incompatible avec l'organisation des séjours de vacances ?

Bon nombre d'associations d'Éducation Populaire se sont réunies autour de la Jeunesse au Plein Air (JPA) afin de démontrer que la mise en place de cette réglementation est excessivement contraignante dans le sens qu'elle a des conséquences économiques et pédagogiques très importantes. Elle nuit à la mission d'accessibilité des séjours de vacances et donc à notre volonté qu'un plus grand nombre d'enfants puisse partir chaque année.

5. Que dit le décret d'application du 27 avril 2012 ?

Ce décret apporte un peu de souplesse au droit du travail puisqu'il permet, en plus du jour de congés, de ne donner que 16 heures de repos par semaine et d'attribuer les heures supplémentaires sous la forme d'un repos compensateur en fin de contrat (qui n'est pas obligatoirement indemnisé). Il s'agit d'une solution technique qui ne satisfait pas le secteur de l'Éducation Populaire, il nous semble donc urgent de créer un statut qui puisse lui succéder ou tout du moins le compléter.

6. Qu'en pense l'UCPA ?

Bien que l'UCPA se soit fortement mobilisée, elle n'a d'autres choix que de respecter la Loi. En fonction de la typologie de séjours, de personnels et de la saison, elle choisira la modalité de repos la moins contraignante, afin de garantir avant toute chose la continuité éducative pour les enfants qu'elle accueille.

Le bilan après deux années passées est que, si nos directeurs s'astreignent à mettre en place des plannings précis pour permettre à chacun de prendre ces temps de repos, nous rencontrons des difficultés à les faire respecter par les animateurs qui annoncent clairement que leur choix de s'engager dans l'animation volontaire est bien motivé par le vivre ensemble.

Au-delà des séjours dits "classiques", ces temps de repos sont absolument inapplicables aux séjours itinérants, à l'étranger notamment.

L'UCPA, autour de la JPA, participe à un groupe de travail pour essayer de mettre en place un nouveau statut d'"animateur volontaire", qui permettrait de revenir à une réalité pédagogique et économique des séjours de vacances.

7. Comment cela se traduit-il pour les animateurs embauchés ?

En plus de ces 24 heures consécutives de congés par semaine, chaque animateur aura soit :

• 11 heures de repos par jour (qui peuvent également se découper en 8 heures + 4 heures),

• 16 heures de repos par semaine, et 50 heures de repos en fin de contrat par semaine travaillée.

Il n'est pas possible pour un animateur de travailler plus de 21 jours sans prendre 150 heures de repos (soit une semaine). Cela ne signifie pas qu'il n'est pas possible de lui faire un contrat plus long.

8. Comment cela évolue-t-il désormais ?

Les organisateurs de séjours continuent à se mobiliser pour qu'une proposition de loi soit examinée par les députés et sénateurs afin qu'un statut de Volontaire de l'Animation soit créé.

De nombreux élus de différentes appartenances politiques sont sensibles à ce sujet et motivés pour défendre cette proposition.

"Ce statut a pour objet de proposer un espace de prise de responsabilités éducatives et sociales. Il offre à toute personne volontaire l'opportunité de s'engager en faveur d'un projet collectif en effectuant une mission d'intérêt général.

L'accueil du volontaire doit être pensé comme la rencontre entre un projet relevant de l'intérêt général porté par un organisme d'accueil et un projet personnel d'engagement."[24]

Ce statut prévoit un cadre précis, notamment l'accès dès 16 ans à l'animation volontaire, la nécessité que la structure d'accueil s'inscrive dans une démarche d'économie sociale et solidaire, l'obligation des caractères éducatif et social des missions, l'association systématique du jeune volontaire à l'élaboration et à la réalisation du projet pédagogique, la durée annuelle du statut limitée et fractionnable, un accompagnement spécifique de la structure d'accueil, une prise en charge partielle ou intégrale des formations volontaires par l'organisateur, une convention liant le jeune à sa structure, une indemnité et la protection sociale du volontaire.

24. Extrait de "Les principes du Volontariat de l'Animation portés par la plateforme du Volontariat de l'Animation". Pour en savoir plus : www. jpa.asso.fr.

NOTES

5

PÉDAGOGIES et TECHNIQUES d'ANIMATION

A SYNTHÈSE DES GRANDS ENSEMBLES DE PÉDAGOGIE

L'acte pédagogique est le processus selon lequel l'animateur mène une action éducative. La pédagogie est le moyen par lequel l'animateur éduque son public, que ce soit pour l'acquisition de connaissances que pour le développement de compétences sociales, motrice, cognitives...

Il existe une multitude de classifications des méthodes pédagogiques. Il est important de pouvoir offrir des méthodes variées et diversifiées, adaptées aux besoins, aux attentes et au style cognitif de chaque enfant et adolescent pour qu'ils puissent s'émanciper. Voici, en quatre grands ensembles, une déclinaison **synthétique** des pédagogies.

Les pédagogies traditionnelles

L'individu qui apprend est considéré comme un vase vide qu'il faut remplir de connaissances et de compétences. Nous retrouvons ici le dualisme : celui qui éduque (qui détient le savoir) et celui qui apprend. Nous faisons ainsi référence au modèle, au guidage de l'apprenant au travers de morcellements de l'activité toujours dirigée par l'animateur. Il s'agit de méthodes majoritairement transmissives. Les méthodes scolaires sont souvent associées à ce type de pédagogies.

Exemples : pédagogie du modèle, pédagogie transmissive.

Les pédagogies maïeutiques

La maïeutique fait référence au maître accoucheur, celui qui nous fait "accoucher du savoir" qui est ancré en nous.

Cet ensemble de méthodes fait référence à l'art du dialogue de SOCRATE.

Cela consiste à laisser l'apprenant exprimer ses propres idées et à en questionner le sens, de manière à faire progresser sa pensée et à la faire accoucher d'un savoir qu'elle ignore posséder.

Exemple : pédagogie interrogative.

Les pédagogies nouvelles

Les pédagogies nouvelles viennent en opposition aux méthodes traditionnelles et sont en corrélation avec la théorie du constructivisme de PIAGET. Elles défendent la valeur de la participation active de l'apprenant. Il est ainsi partie prenante des règlements qui régissent sa vie mais aussi pleinement acteur de son apprentissage. Elles se concentrent notamment sur l'intérêt et le besoin de l'enfant : l'enfant comme un être spécifique, la liberté, l'initiative, l'activité et le travail en groupe.

Exemples : pédagogie active, pédagogie du projet, pédagogie socio-constructive, pédagogie de la découverte.

Les pédagogies peer-to-peer

Ces méthodes d'apprentissage de pair à pair (peer-to-peer) sont des méthodes collaboratives. Elles reposent sur l'idée que l'on a quelque chose à apprendre de n'importe qui. L'utilisation des outils numériques donne une force à ce type de méthodes qui se construisent généralement à l'initiative des apprenants eux-mêmes.

Exemple : pédagogie collaborative.

B LE PROJET PÉDAGOGIQUE ET L'ACTIVITÉ

Organiser un ACM s'inscrit dans une démarche de projet d'éducation des enfants et des jeunes. Les projets définis ci-dessous sont des éléments qui garantissent la qualité des accueils. Ils permettent à la structure organisatrice de transmettre ses valeurs éducatives avec cohérence et de leur donner vie sur le terrain.

Projet éducatif - obligatoire

(Article R227-23 du CASF)

Valeurs éducatives issues d'un constat social.
Structures et moyens humains mis à disposition.
Pistes de réflexion pour l'élaboration du Projet Pédagogique.

L'ORGANISATEUR
échanges, adhésion commune au projet

Projet pédagogique - obligatoire

(Article R227-25 du CASF)

Déclinaison des valeurs éducatives.
Caractéristiques du séjour, du public accueilli.
Aspects opérationnels : vie quotidienne, activités sportives, hébergement, transports, repas, sorties, etc.

LE DIRECTEUR
échanges, adhésion commune de l'équipe au projet

Projet d'animation

Déclinaison des objectifs pédagogiques.
Thème/grand jeu sur une journée, une semaine, un mois...
Besoins matériel et humain spécifiques.

LES ANIMATEURS

Projet d'activité

À l'échelle du projet d'activité, l'interaction se fait sur le terrain afin de répondre aux besoins et envies des enfants, au plus proche de leurs attentes.

L'ANIMATEUR
AVEC LES ENFANTS

Le projet pédagogique se décline directement du projet éducatif de l'organisme. Il est aussi au carrefour des valeurs du directeur de l'accueil et des besoins et attentes du public. L'animateur doit pouvoir lire ce projet avant sa prise de fonction. En effet, il doit être en phase avec les intentions éducatives, afin de pouvoir les prolonger au travers de ses actions pédagogiques.

C'est un outil évolutif qui ne peut être figé dans le temps. L'animateur peut ainsi contribuer à le faire vivre grâce à son implication active au sein de l'ACM.

C L'ACTIVITÉ

L'animation est un univers dans lequel l'animateur devra accompagner l'enfant. Il est important de rappeler que l'enfant ne doit pas rentrer dans un principe de consommation d'activités mais, au contraire, il doit être accompagné pour être pleinement acteur et critique.
L'animateur doit avant tout se poser la question de l'intérêt de l'activité proposée.

PHASE DE PRÉPARATION

Celle-ci est déterminante dans la qualité de l'animation qui sera mise en place.

1 : la préparation

Elle se décline en deux points.

Les ressources matérielles et humaines (qui ? quoi ?)

- Qui ?

Chaque animateur se doit de participer à l'élaboration de l'activité.
Elle nécessite une communication entre les animateurs. Il est indispensable que les tâches soient réparties.

- Quoi ?

La préparation du matériel est à anticiper. Le matériel doit être adapté.
Un sas de transition doit être envisagé. Il s'agit de faire entrer les enfants dans le thème, dans l'ambiance. Il est également un inducteur à l'imaginaire des enfants.

L'organisation (où ? quand ?)

Où ?

Il est important d'aller repérer le terrain en amont. Le choix de ce lieu doit être en cohérence avec l'activité proposée et adapté en fonction du nombre de participants, de la météo... Ce lieu, il faut l'aménager, le décorer, et surtout veiller à ce qu'il garantisse une sécurité optimale, dans un souci de respect de l'environnement (tant naturel qu'humain).

Quand ?

De la même façon que pour le lieu, le moment de l'activité est important.

Encore une fois, c'est une question d'adaptation et de cohérence.

Il s'agit de proposer des activités qui tiennent compte des rythmes et besoins des enfants.

2 : la sécurité

Il est nécessaire de prévoir une trousse de premiers secours à portée de main et veiller à l'accessibilité des lieux par les secours en cas d'urgence. (Évacuation possible).

La sécurité passe par la prévoyance (météo - état de fatigue des participants - déshydratation, etc.). Il est important de dédramatiser la sécurité pour permettre à l'enfant de se sentir bien, tout en le rendant conscient et si possible acteur de sa propre sécurité et celle des autres. Il s'agit d'un acte éducatif pour permettre à l'enfant d'acquérir de l'autonomie.

3 : le temps

Il faut veiller au timing et notamment aux périodes de la courbe d'intensité. Il faut donc alterner et équilibrer les séquences d'animation.

PHASE D'ACTION

4 : la sensibilisation

Il s'agit d'une information à l'attention des potentiels participants. Son but est de susciter l'envie de participer, mais surtout d'engager l'imaginaire des participants. On doit savoir :

- de quoi il s'agit ;
- le lieu de rendez-vous ;
- la date et l'heure de l'activité ;
- les éventuels accessoires ou tenues vestimentaires à avoir.

La sensibilisation peut se faire sous différentes formes :

- affiches ;
- prospectus ;
- messages audio ;
- messages vidéo ;
- sous forme musicale ;
- sous forme scénique (sketches, mimes...) ;
- etc.

Il faut impérativement varier les plaisirs pour ne pas lasser voire agacer les participants. Il est important de s'investir à fond dans son rôle pour que les enfants et adolescents soient "accrochés".

5 : l'accueil

L'accueil est l'entrée de l'animation. C'est un moment très important pour susciter l'intérêt des enfants. Il faut être présent sur le lieu de rendez-vous et expliquer les règles s'il y en a, faire les équipes.

Il est nécessaire d'entrer dans le monde imaginaire ou de créer une ambiance (sas matérialisé ou virtuel) afin de donner une coloration à l'activité. C'est aussi à ce moment que l'on rassure les participants et que l'on s'assure de la présence de tous. On peut présenter le jeu ou en expliquer le déroulement.

6 : le déroulement

C'est l'enchaînement des séquences ponctuant l'animation : il doit être fluide et respecter une courbe idéale d'intensité :

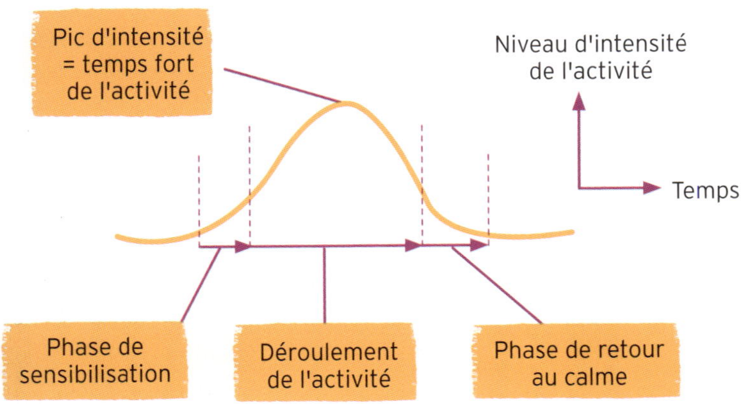

L'équipe doit s'adapter aux imprévus pour qu'ils passent inaperçus aux yeux des participants. Il faut également anticiper les facteurs d'échec ou de trop grande réussite (complexification et simplification).

Voici quelques exemples d'imprévus :

- ajout d'un participant en cours d'activité ;
- enfant blessé ;
- pluie, vent ;
- bruit intempestif à côté ;
- alerte incendie.

7 : le cœur de l'activité

Il faut savoir donner vie à un projet en se mettant dans une position d'acteur, mais aussi varier avec des attitudes passives pour que l'enfant puisse être lui-même acteur de son activité. L'animateur devient alors un "guide". Attention à la complicité avec le public, il ne faut pas être trop laxiste.
L'animateur est un adulte référent, il faut veiller à l'image que l'on renvoie, croire à ce que l'on fait et donner de soi pour avoir l'adhésion et la participation du public.
L'animateur peut alterner ses interventions, soit en équipe, soit en individuel.

8 : la sécurité

C'est la sécurité pendant l'activité. Voici des éléments à envisager :

- respecter la courbe d'intensité ;
- tenir compte de l'excitation du public ;
- tenir compte des efforts physiques demandés au public ;

- éviter une excitation trop longue : ça fatigue, ça énerve le public ;
- être vigilant vis-à-vis de l'environnement varié et variable (voitures, potentiels des enfants...).

9 : la pré-fin

Elle ne doit pas se subir mais se fondre logiquement dans le déroulement. Il est important d'amener vers un temps plus calme. Si besoin, il faut accompagner le jeune vers le monde réel (sas de transition).

- Y a-t-il une morale ?
- Y a-t-il un gagnant ?
- Et les perdants ?

PHASE FINALE

10 : rangement

Le rangement fait partie intégrante de l'activité, il constitue la fin de cette activité. Ainsi, il faut que ce rangement soit le plus possible réalisé par les enfants. Nous éviterons ainsi une tendance à la consommation d'activités.

- Rapide : être disponible pour les enfants dans les plus brefs délais.
- Ne rien oublier.
- Qui range quoi ?
- Qu'est-ce que l'on jette ?
- Qu'est-ce que l'on garde ? (envisager un recyclage ou une gestion des déchets raisonnée).

11 : bilan

Systématiquement, l'animateur doit être capable d'analyser le déroulement de son jeu et de pouvoir mesurer l'écart entre ce qui était recherché et ce qui s'est réellement passé. Cela lui permettra ensuite d'améliorer son action pédagogique. Pour aider l'animateur dans cette tâche difficile, il est important de se doter d'une méthodologie d'analyse.

D MÉTHODOLOGIE D'ANALYSE DES ACTIVITÉS

Il est nécessaire d'avoir une méthode d'analyse de ses activités pour pouvoir les analyser en toute objectivité. Nous en proposons deux très différentes. L'enjeu est ensuite de s'approprier sa propre méthode afin de pouvoir automatiser un esprit critique des actions pédagogiques.

MÉTHODE DU PSAADRASUFRA (logique chronologique)

Il s'agit avant tout d'une méthode visant à construire des animations. Ceci étant, elle permet a posteriori de construire une analyse chronologique de l'action. Elle reprend ainsi le chapitre concernant le déroulement de l'activité et dégage des axes d'analyse. Ceux-ci sont chronologiques et permettent de fixer des jalons dans la constitution d'une activité. Voici les 11 points de questionnement :

P : Préparation : Quoi ? Qui ? Où ? Comment ? Quand ? Pourquoi ? (QQOCQP)

S : Sensibilisation

A : Aménagement

A : Accueil

D : Déroulement

R : Rythme

A : Animation

S/U : Sécurité/Urgence
F : Fin
R : Rangement
A : Analyse

MÉTHODE THÉMATIQUE

Cette méthode consiste à prendre de la hauteur sur l'activité menée afin de dégager une analyse thématique selon huit points.

1 : Pertinence du thème (âge, objectifs, projet pédagogique...)
Est-ce adapté à l'âge du public ?
Quel est le projet d'animation ?
Quels sont les objectifs ? Sont-ils atteints entièrement ou partiellement ?

2 : Sécurité (active, passive)
Tout a-t-il été mis en œuvre pour la sécurité physique, affective et morale des participants ?

3 : Sensibilisation - organisation - enchaînement
Ai-je bien sensibilisé mon public sur le thème (avant, pendant et à la fin) ?
Comment les étapes se sont-elles organisées, y a-t-il eu des moments d'attente ?

4 : Respect de la courbe d'intensité
Comment l'animation a-t-elle évolué ? A t-on respecté les temps forts et les temps calmes ?
L'animation a-t-elle été adaptée au rythme de l'enfant ?

5 : Gestion espace/temps
L'animation a-t-elle duré le temps qui m'était imparti ? Si plus ou moins, pourquoi ?

6 : Motivation et sens de l'activité pour les enfants

Les participants ont-ils compris la thématique de l'animation ? Ont-ils participé uniformément ? Si non, pour quelles raisons ?

7 : Adaptation de l'activité pendant son déroulement (relation prévu/réalisé)

S'il y a eu des problèmes, de quel type ? Comment ont-ils été résolus ? Ont-ils été analysés ? Qu'ai-je mis en place pour pallier une baisse d'attention sur le temps d'animation ?

8 : Rôles des animateurs

Chacun a-t-il tenu son rôle et trouvé sa place au sein de l'équipe ?
Ai-je été attentif aux enfants (sécurité, animation…) ?

E TYPOLOGIES D'ACTIVITÉ

Au sein des activités, nous pouvons retrouver quatre grandes familles :

Les activités manuelles

Ce sont des activités de création et de fabrication. Elles permettent de découvrir de la matière, des objets. Elles visent le développement des compétences particulières en fabrication et de la motricité fine. Ce sont des activités qui nécessitent un produit fini que l'enfant peut emporter. Cela peut également être une production collective. L'animateur doit au préalable essayer l'activité afin de savoir quelles sont les étapes et le niveau de difficulté.

Les activités "grands jeux"

Ce sont des animations qui permettent de jouer en collectif, où l'enfant vit la confrontation, la coopération, l'échange, la négociation... Ces activités peuvent être menées facilement dans un contexte imaginaire, même pour les adolescents. On trouve par exemple : la chasse aux trésors, le Cluedo, les jeux de l'oie, le Poule/Renard/Vipère...

Les activités esthétiques et/ou artistiques

Dans le cadre de ces activités, les enfants créent et s'expriment en utilisant différents supports (musique, le corps, le matériel de récupération...). Elles nécessitent un inducteur permettant au public d'être dans un processus de création et d'expression.

Les activités physiques

Ce sont des activités motrices récréatives.

Une activité n'est jamais exclusive à une famille. Cependant, on peut en général dégager une appartenance pour l'une de ces catégories. Il est important de pouvoir proposer à l'enfant et à l'adolescent un panel d'activités qui soit varié. Il faut se dégager des propos simplistes selon lesquels, par exemple, les adolescents n'aiment pas les activités manuelles.

F LA VIE QUOTIDIENNE

Le temps de vie quotidienne fait partie intégrante de l'animation. En séjours de vacances, il occupe une place très importante. Il constitue tous les temps hors activités organisées.

"La vie quotidienne en ACM, c'est comme une tartine : le pain, c'est la vie quotidienne, la confiture l'activité. De la confiture toute seule, c'est trop sucré, alors que sur du pain, il y a un support. L'animateur, c'est le beurre qui va faire le lien entre les deux."

On distingue trois modèles d'organisation de la vie quotidienne en centre de vacances. Ces modèles ne s'improvisent pas, ils sont explicités dans le projet pédagogique et sont un réel choix de l'équipe.

La journée planifiée	**La journée aménagée**	**La journée aléatoire**
Tous les temps (repos, repas, activité...) sont définis précisément. Chacun a un rôle précis. Ce sont des temps rassurants, ils fournissent des repères.	Il y a un mélange d'horaires fixes et d'horaires souples. Il faut prendre en compte les rythmes de vie individuels, les choix de l'enfant.	Elle développe l'autonomie de l'enfant : il va choisir voire décider de son rythme de vie en s'inscrivant dans le cadre d'exigences de la vie collective. L'enfant est coauteur de l'action pédagogique.

Tous ces temps (le repas, le repos, l'hygiène, les rythmes de l'enfant) permettent également d'établir des relations privilégiées entre le public et l'équipe pédagogique.

Voici une série de questions à se poser concernant les différents temps qui composent la journée.

La douche

À quelle fréquence ?
L'animateur est-il présent ?
Comment savoir si l'enfant s'est lavé ?
Que faire s'il ne se lave pas ?
L'animateur doit-il laver le jeune ?
Faut-il changer de vêtements ?

La gestion des toilettes

Faut-il déshabiller l'enfant, l'essuyer ?
Faut-il vérifier le lit le matin, les vêtements durant la journée ?
Quelle méthode employer par rapport aux autres enfants ?

Le lavage des mains et le brossage des dents

Quand se laver les mains ? Les dents ?
Tous ensemble ?

Le linge

Est-il marqué au nom de l'enfant ?
Faut-il le laver ? Quand ?
Faut-il changer de vêtements tous les jours ?
Faut-il le ranger ? Où mettre le linge sale ?
Faut-il l'aider à s'habiller ?

Le rangement de la chambre/tente

Qui la range et quand ?
Faut-il contrôler ?
Comment aider les jeunes à mieux s'organiser ?

Les médicaments

Faut-il les récupérer ? Quand ? Qui ?

Hygiène féminine

Comment en parler ?

Faut-il avoir des serviettes ?

La jeune doit-elle passer par un adulte pour y avoir accès ?

Les repas et goûters

Comment sont-ils organisés ?

Faut-il manger avec les enfants ?

Faut-il goûter à tout ?

Quel est le rôle de l'animateur durant le repas (surveillance, éducation, laisser faire) ?

Comment gérer les surplus ? Le gaspillage ?

Est-ce qu'il est obligé de goûter ?

Le lever - le coucher - la sieste

À quelle heure ? Qui le gère ?

Comment ça se passe ? Tous ensemble ?

G LA PUNITION ET LA SANCTION

La différence entre punition et sanction est importante, notamment du point de vue de l'intention de celui qui sanctionne et de sa relation avec le sanctionné. Il s'agit d'un sujet incontournable en ACM et plus globalement dans l'acte éducatif, puisque les sécurités morale et affective des enfants et adolescents peuvent être mises à mal.

La punition

Du point de vue de l'étymologie, la punition, c'est la peine, le châtiment. "Tu as mal fait, donc tu dois avoir mal". La punition vise la non-récidive, la soumission à la règle par peur des représailles. La punition est ce que l'on veut faire subir à l'auteur d'une faute (mis au coin, privé de boum...). C'est une mesure répressive qui donne l'illusion que la privation ou la douleur (physique ou morale) peuvent déboucher sur une prise de conscience de la faute commise. La punition fait honte et fait culpabiliser l'auteur. Il s'agit de pénaliser un acte ou une manière de se comporter. Il n'y a généralement pas de lien entre la faute commise et la réparation.

La sanction

Le mot "sanction" est de la famille de "sanctifier", rendre sacré. Avant de parler de "sanctionner une faute ou un coupable", on disait "sanctionner une loi", c'est-à-dire la rendre sacrée, se donner les moyens qu'elle soit respectée. La sanction doit être adaptée à l'auteur de la transgression et à la hauteur de celle-ci. Elle a toute sa place dans le processus éducatif et va permettre à un enfant de se confronter à la réalité, en lui faisant découvrir le lien existant entre son acte et les conséquences chez autrui ou sur l'environnement. Le rappel à la loi et aux règles fait partie de la construction des enfants et des jeunes en ce sens qu'il permet aussi de les intérioriser, d'autant qu'ils ne sont pas vraisemblablement en adéquation avec les désirs de l'enfant.

Une sanction n'est pas collective, et le cas échéant, elle crée un sentiment d'injustice. Dans un climat d'incompréhension, elle devient inefficace. La sanction fonctionne dans le symbolique et non dans le spectaculaire qui autorise toutes les dérives démagogiques. Il s'agit de donner la possibilité de réparer la faute mais également de créer une frustration, une interdiction en indiquant l'écart à la règle. La sanction ne vise ainsi pas à humilier, à diminuer, à enlever quelque chose, mais plutôt à borner le champ des possibles pour l'enfant, notamment dans sa relation avec ses désirs qui l'amène à transgresser.

Il convient donc d'être très vigilant en ACM afin de pouvoir donner un sens à la réparation de la faute dans une visée éducative.

6

RESPONSABILITÉS et RÉGLEMENTATION

La réglementation est en constante évolution. Nous vous présentons les points qui nous semblent les plus importants. L'animateur doit ensuite être capable de chercher les éléments de réglementation ainsi que ses mises à jour régulières.

Nous considérons que la réglementation est un outil au service de l'éducation et de ses valeurs et non une fin en soi.

A LES NOTIONS DE RESPONSABILITÉS MORALE, CIVILE ET PÉNALE

Dans l'acte éducatif, on peut distinguer trois types de responsabilités :

La responsabilité MORALE

Elle est associée aux valeurs et à soi, dans la conscience des actes et les conséquences que ceux-ci peuvent avoir sur l'enfant dans son éducation et la construction de ses propres valeurs.

Elle est la nécessité pour une personne de répondre de ses intentions et de ses actes devant sa conscience. Elle est intimement liée aux valeurs et à l'éducation, d'un point de vue de l'éthique et de la morale. Sa particularité est qu'elle survit perpétuellement à l'action, pouvant prendre la forme de remords ou de contentements.

Les responsabilités CIVILE et PÉNALE

La responsabilité civile

Elle est engagée lorsqu'il y a dommage causé à un tiers, sans qu'il y ait eu forcément une infraction à la loi. Le préjudice causé peut être réparé par une somme d'argent (dommages et intérêts), le plus souvent couvert par une assurance Responsabilité Civile (RC).

Les organismes qui proposent des séjours de vacances et accueils et de loisirs (et par conséquent tout le personnel attaché à ces centres) ont une obligation d'assurance. Ils sont responsables de la sécurité des enfants placés sous leur responsabilité temporaire. Ils répondent des dommages causés par les enfants, mais aussi des dommages subis par ces derniers.

La responsabilité pénale

Il y a responsabilité pénale chaque fois qu'une personne (physique ou morale), volontairement ou non, commet une infraction à la Loi et ses réglementations. Elle est sanctionnée par une peine frappant la personne fautive (amende, emprisonnement...).

Vers l'exemplarité d'un comportement en "bon père de famille"

Même si l'explication peut être qualifié de simpliste, on peut voir les dispositions réglementaires du Code de l'Action Sociale et des Familles comme des obligations de sécurité qui visent à garantir la sécurité des mineurs placés sous la responsabilité du représentant de l'État dans le département (le préfet) lorsqu'ils sont en accueil collectif de mineurs. Même si la formulation n'est pas totalement juste ou exhaustive, on peut parler d'un transfert de responsabilité, d'autorité, d'éducation de l'autorité légale (le père et la mère) à l'équipe pédagogique.
Ainsi, il est attendu de l'équipe pédagogique un comportement de "bon père de famille".

L'obligation de sécurité est une préoccupation constante de l'équipe pédagogique. Ainsi, il est recherché une continuité éducative sur tous les temps du séjour, visant à mettre tous les moyens en œuvre pour garantir l'intégrité et la sécurité (pas seulement physique) des mineurs accueillis. La définition du "qui est responsable de qui", à chaque moment du séjour, constitue un des éléments. Ainsi, l'animateur peut devenir le responsable direct d'un groupe d'enfants. C'est parce qu'il dispose des prérogatives d'encadrement requises que ce "transfert de responsabilité"est juridiquement possible. Dans sa mise en œuvre, cette responsabilité va s'appuyer sur l'autorité légitime que constitue le statut d'animateur au sein de l'ACM. Les compétences technique et pédagogique sont ainsi mises en jeu, notamment dans la capacité de l'animateur à donner des consignes claires et adaptées au public accueilli (d'où l'importance de connaître les stagiaires, les informations d'ordre médical notifiées sur la fiche sanitaire de liaison, de choisir les bons lieux d'animation, de disposer de moyens associés – en particulier l'alerte des secours).

Il est ainsi attendu un comportement exemplaire des animateurs, notamment quant au respect du règlement du centre et des règles de vie de l'accueil. L'exemplarité passe par une attitude irréprochable, notamment dans l'interaction pédagogique, dans la façon de parler aux enfants et adolescents. C'est également une attitude sans équivoque, c'est-à-dire une attitude qui sait garder la distance éducative et l'autorité légitime d'un encadrant. C'est enfin une attitude de dialogue et d'échanges d'informations au sein de l'équipe pédagogique.

La déclaration administrative

Toute personne souhaitant faire partie de l'équipe pédagogique doit au préalable être déclarée administrativement par le directeur de l'ACM sur la fiche complémentaire de la déclaration de l'accueil. Elle n'est possible qu'à condition :

- de décliner son identité ;
- de remettre copie de ses diplômes (dans le domaine du sport ou de l'animation) ;
- de ne pas être juridiquement soumis à une interdiction temporaire ou définitive d'exercer une fonction en ACM.

Les inaptitudes à l'exercice en ACM

Trois types d'inaptitudes empêchent valablement le droit d'exercer une fonction en ACM :

- **L'incapacité d'exercice** (liée automatiquement à certains délits listés à l'article L133-6 du CASF et ayant entraîné une peine de plus de deux mois fermes), elle n'est pas explicite sur le Bulletin Judiciaire (ni le 2, ni le 3). **Une incapacité d'exercice n'est ni une sanction pénale, ni une mesure administrative**. Une incapacité, telle que celle instaurée par l'article L.133-6, constitue une inaptitude juridique qui empêche une personne d'exercer valablement un droit. Elle est donc juridiquement suffisante et ne nécessite pas l'adoption de mesures de police administrative complémentaires pour s'appliquer pleinement.

- **La sanction pénale** : peine complémentaire d'interdiction d'exercer une activité professionnelle ou sociale en relation avec des mineurs, la personne ne peut être recrutée, elle est inscrite sur le Bulletin Judiciaire n° 2 et le Bulletin Judiciaire n° 3.

- **La mesure administrative** : le pouvoir de police administrative dont dispose le préfet est de nature à lui permettre d'empêcher l'exposition des mineurs accueillis en ACM à un danger pour leur santé, leur sécurité physique ou morale. À ce titre, le préfet de département peut prendre des mesures d'injonction, de suspension et d'interdiction temporaire ou définitive. C'est ce qu'on appelle communément la "liste noire"de Jeunesse et Sports.

Le casier judiciaire

Le casier judiciaire conserve les condamnations prononcées par les juridictions pénales (cours d'assises, cours d'assises des mineurs, cours d'appel, tribunaux correctionnels, tribunaux de police, tribunaux pour enfants, juges des enfants).

Il conserve aussi certaines décisions prononcées par les tribunaux de commerce (liquidation judiciaire, faillite personnelle, interdiction commerciale) et certaines décisions administratives et disciplinaires quand elles édictent ou entraînent des incapacités même lorsqu'elles n'ont pas été prononcées.

Ces informations sont communiquées sous forme d'extraits appelés "bulletins de casier judiciaire".

- Il existe trois types d'extraits :
  - le bulletin n° 1 ;
  - le bulletin n° 2 ;
  - le bulletin n° 3.

Le bulletin n° 1

Il comporte l'ensemble des condamnations et des décisions figurant dans le casier judiciaire, à l'exception :

- des condamnations prononcées pour contravention de police après un délai de trois ans ;
- des déclarations de culpabilité assorties d'une dispense de peine après un délai de trois ans, sauf si le tribunal en a ordonné la non inscription ;
- des condamnations bénéficiant de l'amnistie ;
- des condamnations bénéficiant d'une réhabilitation judiciaire avec retrait du casier judiciaire ;

- des sanctions ou mesures éducatives à l'expiration d'un délai de trois ans ;
- des compositions pénales à l'expiration d'un délai de trois ans ;
- des sanctions commerciales ou disciplinaires effacées par la réhabilitation ;
- des jugements prononçant la liquidation judiciaire après un délai de cinq ans.

Les condamnations ne bénéficiant d'aucune de ces règles sont en tout cas retirées à l'expiration d'un délai de quarante ans à compter de la dernière condamnation ou au décès de l'intéressé.

Ce bulletin ne peut être remis qu'aux autorités judiciaires.

Le bulletin n°2

Il comporte la plupart des condamnations figurant au bulletin n° 1, à l'exception :

- des condamnations bénéficiant d'une réhabilitation judiciaire ou de plein droit ;
- des décisions prononcées à l'encontre des mineurs ;
- des condamnations prononcées pour des contraventions de police ;
- des condamnations avec sursis, lorsque le délai d'épreuve a pris fin sans nouvelle décision ordonnant l'exécution de la totalité de la peine, sauf si a été prononcé un suivi sociojudiciaire ou une peine d'interdiction d'exercer une activité professionnelle ou bénévole impliquant un contact habituel avec des mineurs d'une durée plus longue.

Il est possible de demander au juge, soit au moment de la condamnation, soit par une demande postérieure, que la condamnation ne soit pas inscrite au bulletin n° 2. Si la demande est acceptée, la condamnation restera inscrite au bulletin n° 1.

Ce bulletin ne peut être délivré qu'aux autorités administratives ou à certains organismes privés pour des motifs limitativement énumérés par la loi (art. 776 et R. 79 du code de Procédure Pénale).

Le bulletin n°3

Il comporte les condamnations les plus graves prononcées pour crime ou délit :

- les condamnations à un emprisonnement de plus de deux ans sans sursis ou dont le sursis a été intégralement révoqué ;
- les condamnations à un emprisonnement sans sursis ne dépassant pas deux ans si le tribunal en a ordonné la mention ;
- les interdictions, déchéances ou incapacités prononcées à titre principal pendant leur durée ;
- les décisions prononçant le suivi sociojudiciaire ou la peine d'interdiction d'exercer une activité professionnelle ou bénévole impliquant un contact habituel avec des mineurs, pendant la durée de la mesure.

Il est possible de demander au juge, soit au moment de la condamnation, soit par une demande postérieure, que la condamnation ne soit pas inscrite au bulletin n° 3 tout en demeurant inscrite au bulletin n° 1 et au bulletin n° 2.

Ce bulletin ne peut être remis sur sa demande qu'à l'intéressé lui-même.

Quelques exemples d'infractions pouvant conduire à une incapacité d'exercice

- Toutes les violences, de celles ayant entraîné la mort sans intention de la donner à celles ayant entraîné une incapacité de travail inférieure ou égale à huit jours ou n'ayant entraîné aucune incapacité de travail.
- Les violences psychologiques sont considérées au même titre que les violences physiques.
- L'administration de substances nuisibles ayant porté atteinte à l'intégrité physique ou psychique d'autrui.
- Les appels téléphoniques malveillants réitérés ou les agressions sonores en vue de troubler la tranquillité d'autrui.
- Le fait de causer à autrui, par la violation manifestement délibérée d'une obligation particulière de sécurité ou de prudence imposée par la loi ou le règlement, une incapacité totale de travail d'une durée inférieure ou égale à trois mois (Article 222-20 du Code Pénal).
- L'enregistrement et de la diffusion d'images de violence.
- Le trafic de stupéfiants.

B NORMES D'ENCADREMENT

Il existe des normes minimales de taux d'encadrement pour chaque type d'accueil. Pour les séjours de vacances et les accueils de loisirs, il s'agit d'un ratio calculé à partir des effectifs totaux d'animateurs et d'enfants. Voici ceux pour les séjours de vacances, accueils de loisirs et accueils périscolaires :

Types d'accueil	Âges	Taux d'encadrement minimum	Équipe d'encadrement
Séjours de vacances --- Accueils de loisirs	De 3 à 5 ans	1 animateur pour 8 mineurs	50 % de diplômés au minimum 50 % de stagiaires maximum 20 % non diplômés maximum Le directeur peut être inclus dans l'effectif d'encadrement si le séjour a un effectif d'au plus 20 mineurs d'au moins 14 ans et pour un accueil de loisirs d'au plus 50 mineurs.
	De 6 à 17 ans	1 animateur pour 12 mineurs	
Accueil de loisirs déclaré en accueil périscolaire	De 3 à 5 ans	1 animateur pour 10 mineurs ou 14 mineurs (avec PEDT*)	50 % de diplômés au minimum 50 % de stagiaires maximum 20 % non diplômés maximum
	De 6 à 17 ans	1 animateur pour 14 mineurs ou 18 mineurs (avec PEDT*)	

* PEDT : Projet ÉDucatif Territorial.

Un animateur peut encadrer un grand jeu avec 15 enfants pendant que, dans la salle peinture, un autre reste seul avec 5 enfants.

À noter une exception : lorsqu'une équipe pédagogique se compose de 3 ou 4 personnes, alors il peut y avoir 1 personne non diplômée et ne pas respecter ainsi les 20 % d'animateurs non diplômés maximum.

C L'ORGANISATION ET L'ENCADREMENT DES ACTIVITÉS PHYSIQUES ET SPORTIVES

L'article R.227-13 du Code de l'Action Sociale et des Familles, fixe les conditions particulières d'encadrement et de pratique des activités physiques dans les accueils collectifs de mineurs ainsi que les exigences liées à la qualification des personnes assurant l'encadrement des mineurs.

Cet article prévoit également, pour certaines activités physiques déterminées en fonction des risques encourus, la possibilité d'instaurer, par arrêté conjoint du ministre chargé de la jeunesse et du ministre chargé des sports, des règles particulières de pratique ainsi que d'effectifs et de qualification des personnes assurant l'encadrement, en tenant compte de la nature des risques, du type d'accueil prévu, du lieu de déroulement de l'activité ainsi que du niveau de pratique et de l'âge des mineurs accueillis.

Cette réglementation vise à garantir au mieux la sécurité des mineurs tout en permettant la pratique de ces activités, notamment lorsque celles-ci ne présentent pas de risque particulier ou présentent des risques limités.

L'activité physique doit s'inscrire pleinement dans le projet éducatif de l'organisateur. Elle est, comme toute autre activité, un moyen de parvenir à la réalisation des intentions éducatives annoncées par l'organisateur aux familles. Le projet pédagogique doit systématiquement préciser les conditions dans lesquelles elle est mise en œuvre.

Les activités ayant pour finalité le jeu ou le déplacement et ne présentant pas de risque spécifique peuvent être encadrées par tout membre permanent de l'équipe pédagogique de l'ACM, sans qualification sportive particulière.

Ces activités ne faisant pas l'objet d'une réglementation particulière doivent impérativement répondre aux critères suivants :

- être ludiques, récréatives ou liées à la nécessité de se déplacer ;
- être proposées sans objectif d'acquisition d'un niveau technique ni de performance ;
- leur pratique ne doit pas être intensive ;
- ne pas être exclusives d'autres activités ;
- être accessibles à l'ensemble des membres du groupe ;
- être mises en œuvre dans des conditions de pratique et d'environnement adaptées au public en fonction de ses caractéristiques physiologiques et psychologiques.

En revanche, les activités se déroulant conformément aux règles fixées par une fédération sportive délégataire du Code du Sport, doivent répondre à certaines obligations :

L'encadrant doit être MAJEUR et satisfaire à l'une des conditions suivantes :

1) Être titulaire d'un diplôme, d'un titre à finalité professionnelle ou d'un certificat de qualification conformément au Code du Sport.

2) Être ressortissant d'un État membre de l'Union européenne ou d'un autre État partie à l'accord sur l'Espace économique européen et répondre aux conditions exigées par le Code du Sport pour exercer la profession d'éducateur sportif sur le territoire national.

3) Être militaire, ou fonctionnaire exerçant dans le cadre des missions prévues par son statut particulier, ou enseignant des établissements d'enseignement publics ou des établissements d'enseignement privés sous contrat avec l'État dans l'exercice de ses missions.

4) Être un bénévole titulaire d'une qualification fédérale délivrée dans la discipline à la condition que l'activité soit organisée par un club affilié à une fédération sportive titulaire de l'agrément prévu à l'article L.131-8 du Code du Sport.

5) Être un membre permanent de l'équipe pédagogique titulaire d'une qualification lui permettant d'assurer les fonctions d'animation en ACM et d'une qualification fédérale délivrée dans la discipline concernée par une fédération sportive agréée.

Enfin, les activités suivantes font l'objet d'une réglementation particulière. L'arrêté du 25 avril 2012 précise pour chacune de ces activités en fonction du lieu de déroulement de l'activité, du niveau de pratique et de l'âge des mineurs accueillis, les conditions spécifiques de pratique, d'effectifs et de qualifications des encadrants :

- ALPINISME
- BAIGNADE
- CANOË, KAYAK ET ACTIVITÉS ASSIMILÉES
- CANYONISME
- CHAR À VOILE
- ÉQUITATION
- ESCALADE
- KARTING
- MOTOCYCLISME ET ACTIVITÉS ASSIMILÉES
- NAGE EN EAU VIVE
- PLONGÉE SUBAQUATIQUE
- RADEAU ET ACTIVITÉS DE NAVIGATION ASSIMILÉES
- RANDONNÉE PÉDESTRE
- RAQUETTES À NEIGE
- SKI ET ACTIVITÉS ASSIMILÉES
- SPÉLÉOLOGIE
- SPORTS AÉRIENS
- SURF
- TIR À L'ARC
- VOILE ET ACTIVITÉS ASSIMILÉES
- VOL LIBRE
- VÉLO TOUT TERRAIN (VTT)

D LA SPÉCIFICITÉ DES ACTIVITÉS DE BAIGNADE

Les activités de baignades font partie des activités les plus pratiquées en ACM. Il s'agit d'une activité à risque pour laquelle un certain nombre de précautions sont à prendre. Il est généralement recommandé de distinguer dans ce type d'activité les mineurs à l'aise dans l'eau de ceux qui ont des difficultés à appréhender le milieu aquatique. Il convient donc d'organiser des jeux en début de baignade à cet effet. Les accidents de noyade les plus fréquents sont dus à l'hydrocution, c'est-à-dire des noyades consécutives à une perte de connaissance.

Les incidents dans l'eau et les hydrocutions peuvent être prévenus par différents moyens :

- veiller à faire entrer les enfants progressivement dans l'eau,
- mouiller le visage et le cou des enfants avant l'entrée dans l'eau,
- espacer autant que possible la baignade du temps de repas (2 heures au minimum),
- faire boire l'enfant régulièrement,
- protéger autant que possible l'enfant du soleil avant et pendant la baignade (crème solaire, casquette...).

Dès l'apparition de signes de crampes et de frissons, il ne faut pas hésiter à faire sortir l'enfant de l'eau et le réchauffer.

Afin de gérer les flux d'entrée et sortie de l'eau, l'animateur en charge de la baignade devra ritualiser des astuces pédagogiques pour comptabiliser les enfants. À titre d'exemple, l'animateur chargé de la baignade peut demander aux enfants et adolescents de taper dans sa main lorsqu'ils rentrent ou sortent de l'eau.

Réglementairement, on distingue deux types de baignades

Le cas des baignades aménagées et surveillées

L'animateur BAFA peut encadrer ces activités. Il convient en arrivant, de signaler le groupe au responsable de la sécurité de la piscine ou de la baignade et de se conformer aux consignes de sécurité. Tout incident doit être signalé au poste de secours. Des restrictions locales peuvent exiger certains diplômes ou des aménagements spécifiques.

L'encadrement minimum spécifié par l'arrêté est :

- dans l'eau, un animateur pour cinq mineurs si les enfants ont moins de six ans ;
- un animateur pour huit mineurs si les enfants ont six ans et plus.

Lorsque la baignade se déroule dans une piscine surveillée, pour des groupes constitués d'au plus 8 mineurs âgés de 12 ans et plus, et sous réserve d'un accord préalable du Maître Nageur Sauveteur (MNS), de la structure et du directeur de l'accueil, la baignade peut être organisée hors de la présence sur place d'un animateur membre de l'équipe pédagogique permanente.

Sur une plage, la surveillance d'une baignade est :

- délimitée par une "zone de baignade" au-delà de laquelle il n'y a plus de surveillance,
- indiquée par une flamme en haut d'un mat blanc, qui selon la couleur signifie :
  - flamme verte : baignade surveillée et absence de danger particulier,
  - flamme orange : baignade dangereuse mais surveillée => la baignade est alors interdite pour les ACM,
  - flamme rouge : interdiction de se baigner,

- si aucune flamme n'est hissée, la baignade n'est pas surveillée (voir ci-après).

Le cas des baignades aménagées et non surveillées

L'animateur BAFA ne peut encadrer cette activité, sauf dans le cas d'une baignade de mineurs de plus de 14 ans.

L'encadrement peut être réalisé par toute personne majeure membre de l'équipe pédagogique permanente de l'accueil répondant aux conditions de qualifications prévues à l'article A. 322-8 du code du sport ou titulaire soit :

- d'une qualification délivrée dans la discipline concernée par une fédération sportive titulaire de l'agrément prévu à l'article L. 131-8 du code du sport ;
- de la qualification "surveillance de baignade" du brevet d'aptitude aux fonctions d'animateur en cours de validité* (ou de toute qualification reconnue équivalente par le ministre chargé de la jeunesse et le ministre chargé des sports) ;
- du brevet de surveillant de baignade délivré par la Fédération Française de Sauvetage et de Secourisme (FFSS) ;
- du brevet de surveillance aquatique délivré par la Polynésie française.

Compte tenu des risques encourus, la baignade ne peut être proposée que dans le cadre d'une activité organisée. Elle est placée sous l'autorité du directeur de l'accueil qui désigne un membre de l'équipe pédagogique permanente comme encadrant chargé de son organisation et de sa surveillance. L'encadrant doit reconnaître préalablement le lieu de bain et en matérialiser la zone :

- par des bouées reliées par un filin pour les baignades accueillant des mineurs de moins de douze ans ;

*L'UCPA organise des recyclages au BAFA qualification SB, consulter ucpa-formation.com pour plus d'informations.

- par des balises pour des baignades réservées à des mineurs de douze ans et plus.

Le nombre de mineurs présents dans l'eau est fonction des spécificités de la baignade sans pouvoir excéder :

- 20 si les mineurs sont âgés de moins de six ans ;
- 40 si les mineurs sont âgés de six ans et plus.

Le test d'aisance aquatique

En ACM, la pratique des activités aquatiques et nautiques de **canoë-kayak et disciplines associées, nage en eau vive, voile, canyonisme, surf de mer** est subordonnée à la production d'une attestation délivrée par :

- soit une personne titulaire du titre de maître nageur sauveteur ou du brevet national de sécurité aquatique (BNSSA),
- soit une personne titulaire du BEES ou du BP JEPS dans l'activité nautique ou aquatique considérée.

Ce document doit attester de la capacité du pratiquant à :

- effectuer un saut dans l'eau ;
- réaliser une flottaison sur le dos pendant cinq secondes ;
- réaliser une sustentation verticale pendant cinq secondes ;
- nager sur le ventre pendant vingt mètres ;
- franchir une ligne d'eau ou passer sous une embarcation ou un objet flottant.

Ce test peut être réalisé en piscine ou sur le lieu de l'activité. Dans les activités nautiques nommées ci-dessus, ce test peut être réalisé avec une brassière de sécurité.

Dans le cas d'un test délivré par un MNS, une attestation de réussite doit être délivrée avec au moins les exigences définies ci-dessus.

E RECOMMANDATIONS ET RÉGLEMENTATION SANITAIRE

Les personnes titulaires du PSC1 (Prévention et Secours Civiques de niveau I), anciennement AFPS (Attestation de Formation aux Premiers Secours) peuvent devenir assistant sanitaire (A.S.).

Il est recommandé de faire la formation PSC1 dès lors que l'on travaille avec un public. Cette attestation est valable à vie, il est cependant conseillé de suivre régulièrement (tous les cinq ans) des stages de remise à niveau (appelés recyclage).

L'assistant sanitaire est un acteur majeur de la prévention des risques, il est à l'écoute des enfants et assure leur bien-être psychologique par une veille discrète mais efficace. C'est la personne qui, sous l'autorité du directeur :

- assure le suivi des traitements médicaux en les recueillant avec les ordonnances et en les distribuant aux enfants aux horaires indiqués par le médecin ;
- est un acteur majeur des actions de prévention ;
- organise l'infirmerie et gère les petits soins quotidiens ;
- informe les membres de l'équipe sur l'état de santé des enfants (allergies…) ;
- informe les responsables légaux de tout événement de santé survenu pendant le séjour ;
- porte secours et met en œuvre les premiers gestes en cas d'accidents ;
- est susceptible d'emmener les enfants malades chez le médecin ;
- tient à jour la pharmacie du centre et les trousses de premiers soins.

La trousse de premiers soins

Lors de départ en activité, un animateur doit **toujours** prendre avec lui la trousse de secours.

Voici un contenu conseillé

- Des compresses de gaze stériles.
- Du sparadrap déchirable.
- Des gants fins en latex emballés par paire.
- Un antiseptique incolore, non alcoolisé (sans chrome ou mercure ou iode).
- Des pansements individuels prédécoupés.
- Une pince à échardes.
- Une paire de ciseaux.
- Du sérum physiologique.
- Des tampons et des serviettes hygiéniques.
- Des mouchoirs en papier.
- Une crème contre les brûlures.
- Une crème solaire.
- Des épingles à nourrice.
- Des petits sacs poubelle.
- Une couverture de survie.

Ces trousses doivent également contenir les numéros d'urgence, celui du directeur et du centre, ainsi qu'un stylo et de quoi noter.

Il est obligatoire d'indiquer sur le cahier d'infirmerie, lors du retour au centre, les personnes qui ont été soignées et les soins apportés.

L' "infirmerie" du centre

L'infirmerie n'est pas obligatoire en accueil de loisirs.

Conformément à l'instruction du 12 mai 2000, les médicaments des enfants sont regroupés dans une armoire fermée à clé et répertoriés avec les ordonnances. C'est l'assistante sanitaire qui en est responsable.

Un cahier d'infirmerie doit être tenu à jour quotidiennement par les personnes qui ont apporté des soins (ce n'est donc pas seulement le travail de l'assistante sanitaire, mais de tout animateur responsable des enfants) : date et heure, enfant malade, nature du problème, soins apportés, médecins, signature du soigneur...

En plus des éléments de la trousse de secours, il est recommandé d'avoir dans la pharmacie : des produits anti-poux et des anti-constipation sous forme de confiture.

Priorités en cas d'accident

1) PROTÉGER.

2) ALERTER.

3) SECOURIR.

Voici les numéros d'urgence à connaître :

- le 15 pour le SAMU (urgences médicales) ;
- le 18 pour les pompiers (incendies, accidents et urgences médicales) ;
- le 17 pour la police ou la gendarmerie ;
- le 112 est le numéro pour les appels d'urgence dans tous les pays de l'Union Européenne. Un téléphone mobile peut être utilisé pour joindre le 112 sans avoir préalablement entré le code PIN et même si le téléphone n'est pas équipé d'une carte SIM ;
- le 3624 pour SOS Médecin.

F RECOMMANDATIONS ET RÉGLEMENTATION DES DÉPLACEMENTS

À pied

Définition du piéton

Le Code de la Route définit le piéton comme une personne qui circule à pied sur la chaussée. Il précise en termes suivants :

- les personnes qui conduisent une voiture d'enfant, de malade ou d'infirme, ou tout autre véhicule de petite dimension sans moteur ;
- les personnes qui conduisent à la main une bicyclette ou un cyclomoteur ;
- les personnes handicapées dans les fauteuils roulants mus par eux-mêmes ou circulant à l'allure du pas.

À signaler également que les conducteurs de deux-roues poussant leur véhicule à côté à la main sont tolérés par le Code de la Route. Dans ce cas, les conducteurs sont tenus d'observer les règles imposées aux piétons. Les rollers, trottinettes et skate-board sont considérés comme des piétons.

Marcher le long de la route

Art. R.412-34 : lorsqu'une chaussée est bordée d'emplacements réservés aux piétons et normalement praticables par eux, tels que des trottoirs ou des accotements, vous êtes tenu de les emprunter.

Art. R412-35 et art. R412-36 : si vous ne pouvez pas utiliser les trottoirs et les accotements, vous pouvez marcher sur la chaussée en circulant près de ses bords.

Art. R412-36 : hors agglomération, vous devez vous tenir près du bord gauche de la chaussée, afin de faire face aux véhicules, sauf si cela peut compromettre votre sécurité ou en cas de circonstances particulières (par exemple : zone de travaux).

Marcher en groupe

Vous devez vous déplacer sur le bord droit de la chaussée et veiller à laisser libre au moins toute la partie gauche de la chaussée, pour permettre le dépassement des véhicules *(article R.412-42).*

Déplacez-vous en colonne par deux.

Si, toutefois, hors agglomération, vous avancez en colonne par un, vous devez vous déplacer sur le bord gauche de la chaussée, sauf si cela est de nature à compromettre votre sécurité ou sauf circonstances particulières.

Si votre groupe est plus important (plus de 20 personnes), il vous est recommandé de le scinder en plusieurs groupes. À l'intérieur de chaque groupe, déplacez-vous également en colonne par deux, sur le bord droit de la chaussée. Chaque groupe ne doit pas occuper plus de 20 m de longueur. Conservez enfin un intervalle de 50 m entre chaque groupe, pour faciliter là aussi le dépassement par les véhicules.

Dès que vous circulez en groupe organisé la nuit, vous devez faire porter un feu blanc ou jaune par une personne située en tête de chaque colonne et un feu rouge par une personne qui ferme la marche. De plus, il vous est recommandé de faire porter un brassard réfléchissant au bras gauche de chaque piéton de la colonne de gauche.

En randonnée

Un animateur BAFA ne peut encadrer que des randonnées en basse altitude, sur des chemins balisés avec un accès facile à un point de secours. Les autres randonnées nécessitent une personne titulaire d'un diplôme spécifique à l'activité.

Il est préférable pour votre groupe d'utiliser en priorité l'accotement dès que celui-ci est praticable. Il vous est également recommandé d'encadrer le groupe en plaçant un responsable à l'avant et un à l'arrière, et de désigner un éclaireur pour les virages.

Pensez à :

- prévoir l'itinéraire et en informer le directeur du centre ;
- vérifier la météo ;
- être en possession de la trousse de secours, des fiches sanitaires, des numéros d'urgence, d'un téléphone portable ;
- prendre de l'eau ;
- vérifier que les chaussures sont adaptées à la marche.

À vélo

Un animateur BAFA peut encadrer un déplacement à vélo sur routes ou chemins ne présentant aucun risque particulier. Le vélo dans ce cas n'est pas la finalité de l'activité. L'encadrement est le même que pour les autres déplacements.

Circulation

Les cyclistes doivent respecter le Code de la Route. Ainsi il est fortement conseillé de rouler en file indienne plutôt qu'à deux de front. Dans le cas d'un dépassement de voiture ou d'une mauvaise visibilité, il est obligatoire de rouler en file indienne.

Équipements obligatoires des cycles

- **dispositif de freinage** : tout cycle doit être muni de deux dispositifs de freinage efficaces (article R.415-1),
- **éclairage** : la nuit ou le jour lorsque les circonstances l'exigent, tout cycle doit être équipé d'un système d'éclairage, une lumière jaune ou blanche à l'avant, un feu rouge à l'arrière (article R.313-18, 19 et 20). La circulation sans feu des cycles conduits à la main sur la chaussée est tolérée,
- **dispositifs réfléchissants** : de jour et de nuit, tout cycle doit être équipé d'un ou de plusieurs dispositifs réfléchissants de couleur rouge visibles de l'arrière, d'un dispositif réfléchissant de couleur blanche visible à l'avant et de dispositifs réfléchissants visibles latéralement (article R.313-20). Les pédales doivent également comporter des dispositifs réfléchissants de couleur orange (article R.313-20).
- **un avertisseur sonore** : tout cycle doit être muni d'un avertisseur sonore, en l'occurrence un timbre ou un grelot dont le son doit pouvoir être entendu à 50 mètres au moins (article R.313-33).

Attention, ces règles sont applicables à tous les cycles, y compris aux vélos tout terrain s'ils empruntent les routes (leur éclairage peut être amovible).

Équipements facultatifs mais recommandés :

- un rétroviseur ;
- un casque (obligatoire pour mineurs) ;
- une pompe ;
- une trousse à outils en cas de besoin de réparation ;
- des vêtements clairs ;
- des matériels réfléchissants (baudriers - chevillères).

Pensez à :
- mettre des casques ;
- préférer des groupes de 12 personnes maximum ;
- mettre un animateur devant et un serre-file ;
- respecter le Code de la Route (vélos aux normes et qui répondent aux exigences de sécurité).

En car

C'est l'organisateur qui est responsable du transporteur et des règles de sécurité. Le directeur doit désigner un chef de convoi possédant la liste des enfants. Cette liste doit comporter les informations suivantes : l'immatriculation du car, le numéro de l'organisateur, le trajet du car, les informations passagers avec un numéro de téléphone par personne transportée.

Dans les transports routiers collectifs, un certains nombre de mesures sont à prendre en compte. Mis à part la réglementation spécifique relative au temps de conduite du chauffeur, il convient de respecter des consignes très importantes :

- aucun mineur ne doit être placé au premier rang suivant les issues de secours ;
- un animateur doit être placé auprès de chaque issue de secours ;
- en cas de transport durant la nuit, il convient d'organiser un roulement de veille des animateurs ;
- un chef de convoi doit être nommé afin de veiller à l'application de ces consignes et de la législation des transports routiers.

Certains éléments sont incontournables

- Le conducteur doit être titulaire du permis de conduire correspondant au type de véhicule utilisé.
- Le véhicule doit être en bon état et à jour des contrôles techniques le cas échéant.
- Le conducteur ne doit pas être en état d'ébriété, ou dans un état qui le rend inapte à la conduite.
- Le nombre autorisé de passagers transportés dans le véhicule doit être respecté.
- Le respect des règles du Code de la Route s'impose, durant les pauses effectuées à l'occasion de grands déplacements, les personnes chargées de l'encadrement doivent être particulièrement vigilantes quant à la sécurité des personnes transportées, notamment lorsqu'il s'agit de mineurs.

Les enfants doivent faire l'objet d'un double comptage à chaque correspondance ou étape du trajet (aires d'autoroute, pauses....), nous ne pouvons pas nous permettre d'en oublier.

Concernant les ceintures de sécurité

Le port de la ceinture est obligatoire dans les cars qui en sont équipés, sous peine d'amende. Le conducteur du car n'est en aucun cas responsable du non port de la ceinture. Sur ce point la responsabilité pénale est individuelle à partir de 13 ans. L'usage des strapontins et du siège guide est interdit.

- Lorsque les cars sont équipés de ceintures de sécurité, celles-ci doivent être utilisées. Il y a donc une personne par place.
- Dans le cas d'un car non équipé de ceintures : il est toléré de pouvoir installer trois mineurs de moins de 10 ans sur une banquette de deux places. Ceci n'est pas du tout préconisé.

Réglementation des horaires de conduite

La durée de conduite continue ne peut être supérieure à 4 heures 30 et doit être suivie d'une pause de 45 minutes. La durée journalière ne peut excéder 9 heures. Au-delà de 11 heures de voyage, un deuxième conducteur est obligatoire.

Pensez à :

- faire déposer les bagages côté trottoir et non côté route ;
- positionner les animateurs à chaque porte de sortie ;
- contrôler l'état du car avant le départ et le comportement du conducteur ;
- prévoir des sacs pour les enfants malades ;
- nettoyer le car à l'arrivée en prévoyant des sacs poubelles.

À noter concernant les bagages en soute : seul le conducteur est habilité à charger/décharger les bagages des personnes transportées, car il est le seul responsable de la soute du car.

En train

Les animateurs doivent se trouver à chaque extrémité des couloirs ou voitures, avoir la liste des enfants ainsi qu'un numéro d'une personne à appeler pour chaque passager. Les animateurs sont responsables des bagages et de l'organisation de la montée et de la descente du train.

Pensez à :

- faire une chaîne pour sortir les bagages aux arrêts ;
- bien placer les enfants en groupe à l'écart à la sortie pour ne pas gêner les autres passagers ;
- organiser un tour de veille en cas de voyage de nuit.

En avion

Les animateurs sont responsables du groupe de jeunes dès la dépose des enfants par leurs parents et la remise des documents officiels et administratifs jusqu'au débarquement et la prise en charge des enfants par leurs parents.

Les animateurs sont responsables des jeunes dans l'avion, de leur comportement pendant le vol.

Pensez à :

- bien rester groupé dans l'aéroport ;
- donner un point de RDV si jamais quelqu'un se perd.

Pour tous ces transports penser toujours :

- à bien compter les enfants à chaque montée et descente ;
- au retour, il faut bien organiser la restitution des enfants à leurs parents, sur présentation d'un document officiel d'identité ;
- à rappeler les consignes et recommandations aux enfants pour le bon déroulement du transport.

G L'ALCOOL, LE TABAC ET LES DROGUES

L'alcool

Il est interdit d'offrir ou de vendre de l'alcool aux personnes de moins de 18 ans (Article L.3342-1 du Code de Santé Publique). Le commerçant peut exiger du client qu'il prouve sa majorité.

Les mineurs en ACM ne peuvent donc pas consommer de l'alcool, même une boisson de seconde catégorie (bière, cidre...).

Les mineurs ayant des comportements montrant une dépendance à la boisson alcoolisée relèvent d'un nécessaire suivi médical. Il est important de pouvoir consulter un médecin généraliste et prendre conseils auprès de certaines associations de prévention (numéro vert *alcool info service* : 0980 980 930, croix bleue, les réseaux d'associations nationaux de prévention, fil santé jeunes...).

Le tabac

Le ministère en charge de la Jeunesse est particulièrement attentif à ce que les conditions tenant à la santé des mineurs tant en séjours de vacances et en accueils de loisirs (art. L. 227-4 et suivants du Code de l'Action Sociale et des Familles) qu'à l'occasion de la pratique sportive soient les meilleures possibles.

Conformément à l'article L3511-1 du Code de la Santé Publique, "sont considérés comme produits du tabac les produits destinés à être fumés, prisés, mâchés ou sucés, dès lors qu'ils sont, même partiellement, constitués de tabac, ainsi que les produits destinés à être fumés même s'ils ne contiennent pas de tabac, à la seule exclusion des produits qui sont destinés à un usage médicamenteux". Les cigarettes électroniques font partie à ce titre des produits destinés à être fumés. Elles entrent donc dans la même réglementation que les cigarettes.

Par ailleurs, est considéré comme ingrédient toute substance ou tout composant autre que les feuilles et autres parties naturelles ou non transformées de la plante du tabac, utilisés dans la fabrication ou la préparation d'un produit du tabac et encore présents dans le produit fini, même sous une forme modifiée, y compris le papier, le filtre, les encres et les colles.

Selon l'article L.3511-2-1 du Code de la Santé Publique (modification du 17 mars 2014), "il est interdit de vendre ou d'offrir gratuitement, dans les débits de tabac et tous commerces ou lieux publics, à des mineurs de moins de dix-huit ans :

1) Des produits du tabac ou des ingrédients définis à l'article L. 3511-1 présenté ci-dessus,

2) Sans préjudice des dispositions relatives à la vente au détail des produits répondant à la définition du médicament au sens de l'article L. 5111-1 ;

> **a)** des cigarettes électroniques ou toutes autres formes d'inhalateur électromécanique ou électronique simulant l'acte de fumer ;
>
> **b)** des liquides, contenant ou non de la nicotine, ayant pour objet d'être consommés avec une cigarette électronique ou avec toute autre forme d'inhalateur électromécanique ou électronique simulant l'acte de fumer."

La législation française interdit de fumer dans les tous lieux publics, et notamment dans les lieux collectifs accueillant des mineurs selon l'article L.3511-7 du Code de la Santé Publique. Le décret n°2006-1386 du 15 novembre 2006 concerne les séjours de vacances et accueils de loisirs sur les points suivants :

- l'interdiction aux espaces non couverts des établissements destinés à l'accueil et à l'hébergement des mineurs (art. R.3511-1), c'est-à-dire les établissements classés ERP type R ("centres de vacances, centres de loisirs sans hébergement"), ainsi que les transports collectifs ;
- l'interdiction d'aménager des emplacements mis à la disposition des fumeurs, à la fois dans les établissements destinés à l'accueil et à l'hébergement des mineurs et

dans les établissements destinés à la pratique des activités physiques et sportives (art. R. 3511-2).

Il est important que l'animateur puisse avoir des actions préventives auprès des enfants. Selon le degré de dépendance, le mineur peut consulter un médecin généraliste ou être orienté vers les réseaux associations d'aide aux victimes du tabagisme...

Les drogues

Drogue, du néerlandais "droog"qui signifie médicament médiocre. Substance capable de modifier l'état de conscience.
Drogue douce : stupéfiant qui a des effets sur l'organisme.
Drogue dure : stupéfiant engendrant un état de dépendance fort.
Stupéfiant : substance qui provoque l'accoutumance et un état de besoin.
Usage : consommation de substances.
Trafic : culture, fabrication, détention, offre, cession de produits illicites.

En France, la loi interdit et réprimande la production, la distribution, la consommation et la publicité de toutes les drogues et substances illicites. L'ensemble de ces textes réglementaires s'applique bien évidemment dans les accueils collectifs de mineurs, sans distinction possible entre les mineurs et les majeurs. **Par "publicité" est entendu tout port de t-shirts ou exhibition d'objets de promotion de la substance, à l'image d'une feuille de cannabis.**

Les lois du 31 décembre 1970 et du 5 mars 2007 s'articulent autour de trois principes :

- l'interdiction de l'usage de substances illicites,
- l'orientation de l'usager vers une réponse pénale d'ordre sanitaire ou pédagogique (soins sanitaires et prise en charge sociale),
- la répression du trafic.

Toute infraction ou manquement à la loi est susceptible d'occasionner des poursuites. L'usage ou la détention, même en très faible quantité, est répréhensible de 3750 euros d'amende et/ou jusqu'à un an de prison. Le trafic ou la complicité pour trafic peuvent engendrer des peines allant jusqu'à 10 ans d'emprisonnement ou 7 500 000 euros d'amende. Ces infractions peuvent donner lieu à une inscription sur le casier judiciaire et entraîner des interdictions professionnelles d'exercice. Il est à noter que les répressions sont plus lourdes si la manipulation (consommation, offre, vente...) de ces substances s'effectue auprès d'un public mineur.

7

FAITS de SOCIÉTÉ

À l'UCPA, la pratique physique et sportive en groupe est au cœur du projet éducatif et pas seulement une fin en soi. Elle construit ainsi une forme de "micro-société" avec des règles du jeu nécessitant un savoir-vivre. Il s'agit d'un vecteur éducatif exceptionnel reproduisant des scènes de la vie quotidienne (incluant les sujets ci-après) et favorisant la construction personnelle du public.

Il n'existe pas de comportements types. L'enjeu pour les équipes pédagogiques est surtout le développement du libre-arbitre des membres de l'équipe pédagogique par l'information, la sensibilisation et l'initiation aux thématiques traitées. Ces sujets doivent faire l'objet de débats en réunions d'équipes et en temps informels avec un discours partagé collectivement.

Le but poursuivi par ce chapitre est l'objectivation d'un certain nombre de sujets traités par les médias et faisant l'objet de nombreuses "idées reçues" par le grand public. L'enjeu est non seulement de transmettre des ressources d'informations au futur animateur et un socle de connaissances minimum, mais aussi de proposer des attitudes pédagogiques qui nous semblent adaptées.

Les aspects réglementaires liés aux thématiques présentes dans ce chapitre sont traitées séparément dans le chapitre "responsabilités et réglementation".

A LA LAÏCITÉ AU CŒUR DE LA RÉPUBLIQUE

On retrouve une multitude de définitions de la laïcité dans la littérature. Dans le dernier tiers du XIXe siècle, le mot prenait forme au travers "d'une philosophie politique fondée sur le refus de l'assujettissement du politique au religieux et reposant sur une double incompétence : celle de l'État à intervenir dans la sphère du religieux, celle des Églises à imposer leur doctrine dans l'ordre du politique ou du social."[25]

Faisons un petit retour dans notre Histoire afin de mieux comprendre les fondements de cette valeur. Un grand tournant de notre société s'est d'abord effectué lors de la Révolution française en reconnaissant la liberté de conscience spirituelle vis à vis des religions, de l'humanisme athée (ceux qui ne croient pas) et des agnostiques (ceux qui doutent) :

"Nul ne doit être inquiété pour ses opinions, même religieuses, pourvu que leur manifestation ne trouble pas l'ordre public établi par la Loi."[26]

Une première tentative de séparation de l'Église et de l'État a été faite en 1795, d'une manière assez sanglante, lorsque la patrie et l'église ont été scindées, notamment dans la sphère éducative publique. Nous retiendrons la dernière en date toujours en vigueur, celle de 1905. La Loi de 1905 est le fondement juridique actuel de la laïcité par la séparation de l'Église et de l'État. Elle prononce officiellement la neutralité de l'État à l'égard des confessions religieuses. La croyance religieuse relevant de la sphère privée, l'État n'intervient plus dans la religion du citoyen, pas plus que la religion n'intervient dans le fonctionnement de l'État. Cependant, du fait de leur histoire, quelques territoires tels que l'Alsace-Moselle et des DROM-COM[27] mélangent encore religion et État, notamment dans l'enseignement.

En arrêtant de financer le culte, l'argent public venant des personnes (croyantes, athées, agnostiques) se réserve au

25 Code de la laïcité - chapitre 1, Jean-Michel DUCOMTE, maître de conférences en droit public à l'Institut d'Études Politiques de Toulouse, président de la Ligue de l'enseignement.
26 Article 10 de la déclaration des droits de l'homme et du citoyen du 26 août 1789.
27 Département et Région d'Outre-Mer - Collectivités d'Outre-Mer.

bien commun à tous. Libre aux personnes de se cotiser pour construire un lieu de culte.

En étant avant tout sociale et laïque, la République ne fait ainsi pas de mal aux idéologies ni aux religions.

La Laïcité est l'organisation de la société pour faire vivre ensemble des hommes et des femmes de convictions différentes, c'est le principe d'union de tout le peuple sur la base de [28] :

- la liberté de conscience,
- l'égalité de droit strict : plus de privilège pour les religions,
- l'universalisme vers l'intérêt général : c'est à dire que nous sommes avant tout des humains priorisant l'intérêt collectif sur l'intérêt individuel.

Nous retrouvons ainsi les trois grandes valeurs de notre République : Liberté, Égalité et Fraternité.

Ainsi, l'émancipation de l'esprit critique est au cœur de la laïcité. Nous avons la liberté de penser quelque soit nos croyances en toute égalité. La critique ne peut se faire sur des personnes mais bien sur ce en quoi on croit, tant que cette liberté ne s'oppose pas au respect de l'être humain.

L'intérêt commun tisse l'authentique condition de la fraternité. Elle suppose qu'on a plus de points communs que de choses qui nous opposent. La Laïcité est l'universalité de l'être humain. Il faut dénoncer le particularisme parce qu'au-delà de nos différences il y a la ressemblance.

Aujourd'hui, notre Constitution retient la laïcité comme un principe fondamental, reconnu par les Lois de la République :

"La France est une République indivisible, démocratique, laïque et sociale. Elle assure l'égalité devant la loi de tous les

28 Conférence d'Henri PENA RUIZ aux Neuj'Pro à Vichy le 08 octobre 2015

citoyens, sans distinction d'origine, de race ou de religion. Elle respecte toutes les croyances.[29]"

Comme indiqué dans notre chapitre relatif à l'Éducation Populaire, l'un des trois grands courants idéologiques de l'éducation populaire est le courant laïque issu de la tradition de Condorcet et porté par "les mouvements laïques". Nous retrouvons dans ce dernier la Ligue de l'enseignement, les Francas, les CEMEA, l'UCPA...

Le port du voile et de signes religieux dans l'espace public

La loi du 11 octobre 2010 interdit de revêtir dans l'espace public une tenue dissimulant le visage dans l'espace public, notamment avec un masque, une cagoule, un casque en tant que piéton ou un voile islamique intégral. Plus spécifiquement, on retrouve dans l'interdiction ce que l'on appelle la "burqa" ainsi que le "niqab", qui masquent intégralement la personne mis à part les yeux.

Ce n'est ainsi pas le signe religieux qui est mis en cause mais bien la dissimulation du visage qui en découle. C'est pourquoi le "hijab", appelé communément le voile, n'entre pas dans l'interdiction.

Cette loi a été validée en juin 2014 par la Cour Européenne des droits de l'homme qui a estimé dans un arrêt que "la préservation des conditions du "vivre ensemble" est un objectif légitime des autorités françaises".

L'école (sauf l'Université) a une particularité depuis la loi de mars 2004 sur les signes religieux dans les écoles : "le port de signes ou tenues par lesquels les élèves manifestent ostensiblement une appartenance religieuse tels que le voile islamique, quel que soit le nom qu'on lui donne, la kippa ou

29 Article 1er de la Constitution de la Ve République du 4 octobre 1958.

une croix de dimension manifestement excessive est interdit". Elle ne remet cependant pas "en cause le droit des élèves de porter des signes religieux discrets". En effet, on considère que ce port de signes relève de l'intime.

En dehors de cette spécificité, il n'y a aucune loi qui interdit le port de signes religieux dans un espace public autre que les établissements scolaires. Dans le cas d'une personne ayant le visage dissimulé serait dans un espace public dont nous avons la responsabilité, il faut l'inviter à se découvrir le visage mais en aucun cas contraindre la personne à se découvrir ou à sortir au risque de "poursuites pénales". Ce sont bien les forces de police qui ont la compétence de constater l'infraction et de donner une suite concrète. Les contrevenants à la loi risquent au maximum 150 Euros d'amende assortie le cas échéant d'un stage de citoyenneté.

En ACM, nous pouvons donc accueillir des mineurs qui portent le voile comme également accepter des burkinis lors des baignades. Voyons maintenant plus précisément les pratiques religieuses en ACM.

Pratiques religieuses en ACM

Avoir pour principe fondateur la laïcité ne signifie pas interdire toute référence à la religion mais, au contraire, permettre l'expression d'opinions diverses qui peuvent être discutées afin que chacun éveille son esprit critique et sa pensée.

Il ne s'agit en aucun cas de se laisser entraîner dans des considérations théologiques qui ne sont pas de notre ressort. Par contre, il est de notre devoir de nous poser la question de comment prendre en compte cette réalité dans le but de préserver la santé, l'esprit critique et la sécurité du public que nous accueillons.

Nous distinguons 5 facteurs pouvant nous permettre d'apprécier une situation :

- est-ce interdit par la loi ?
- est-ce du prosélytisme ?
- est-ce que cela porte atteinte à l'hygiène et la sécurité ?
- est-ce que cela fragilise l'organisation de la pratique de l'activité ?
- est-ce contraire à l'image et aux valeurs de l'UCPA ?

L'animateur, le directeur, l'équipe... doivent pouvoir se positionner en tant qu'acteurs éducatifs en intégrant ces différents paramètres et ceux de la situation afin de faire émerger une réponse juste et adaptée.

La religion des membres de l'équipe pédagogique ne peut en aucun cas être discriminante à l'embauche. Ceci étant, leurs pratiques religieuses ne concernent qu'eux-mêmes et ils sont tenus de ne pas les afficher et d'assurer normalement leur mission sans remise en cause du fonctionnement habituel de l'accueil. Un animateur ne peut prôner sa croyance et sa pratique religieuse mais peut l'expliquer si nécessaire.

Lorsque l'on accueille un enfant ou un adolescent, le principe de veiller à sa sécurité morale, physique et affective reste la priorité dans l'organisation des temps. Ainsi, si sa pratique religieuse peut le mettre en danger ou en situation d'inconfort (sa tenue, son alimentation...), il incombe à l'équipe de prendre les décisions nécessaires à son bien-être : appel aux parents ou aux tuteurs, discussion avec l'adolescent... sans remettre en cause le fonctionnement pour les autres participants.

Le cas des jeûnes

Il s'agit d'une pratique de nombreuses religions (carême, ramadan...). D'un point de vue médical, la période de jeûne commence à partir de la sixième heure après le repas.

Cette pratique est une réelle problématique lorsqu'elle se retrouve en accueil collectif de mineurs, puisque nous avons sous notre responsabilité des enfants et adolescents à l'âge de la puberté :

• le projet pédagogique est un outil qui doit servir à se questionner en équipe afin d'identifier les risques du jeûne (activité sportive, repas non pris aux horaires collectifs, rythme jour/nuit décalé par rapport au groupe, expositions à de fortes chaleurs ou au soleil) ;

• ces situations ne doivent pas remettre en cause le bon fonctionnement de la structure et le respect de tous les participants.

• le jeûne d'un animateur ne peut en aucun cas mettre en cause sa capacité à encadrer le groupe ou accompagner son groupe lors d'une activité physique qui requiert sa pleine possession de ses moyens. Par extension, le jeûne d'un usager ne peut l'exposer à un risque dans une activité physique et sportive, si tel est le cas et si cela se traduit par une désorganisation des activités, le centre ou la structure sportive de proximité appréciera la nature de cette désorganisation et si elle est en capacité d'y apporter des solutions convenables plus tous.

Créé par la Ligue de l'Enseignement, les CEMEA et les Francas, www.laicite-educateurs.org est un site qui vous apporte des réponses concrètes pour vous aider à cheminer dans votre réflexion sur la laïcité.

"La Laïcité, c'est une société qui donne place à tous."
(Émile Poulat.)

B LES NOUVEAUX MODES DE COMMUNICATION

Une très forte proportion des jeunes dispose d'un ordinateur, d'une connexion Internet voire d'un Smartphone connecté sur le réseau. Nos enfants sont de plus en plus à l'aise avec les GSM, Smartphone, Samsung Galaxy, MP3, iPod, iPad, PC, Mac... et tout ce que nous appelons dans le jargon les "TIC" ou " Technologies de l'Information et de la Communication". Un univers qui n'a rien d'obscur pour nos petites têtes, nées avec un écran miniature dans la main et une identité numérique dès leur berceau.

Il est presque devenu banal de dire que les TIC sont partout et pourtant c'est une réalité : communication, santé, administration, commerce, transports, loisirs, culture, environnement, recherche... Aujourd'hui les TIC sont devenues incontournables. Le parlement européen a déclaré en 2008 que se connecter à Internet était aussi nécessaire qu'avoir du pain au XIXe siècle. Les questions de sécurité informatique et de l'identité numérique sont de plus en plus importantes, avec la multiplication des bases de données informatiques. La dématérialisation des supports est en forte augmentation et omniprésente dans notre univers tels les livres, billets, factures, tickets numériques,... C'est pourquoi le "temps écran", c'est-à-dire la durée quotidienne passée devant un écran, est devenue pharamineuse.

Prenons le temps cinq minutes puis supprimons l'évolution des technologies de ces dix dernières années : on doit encore faire la queue au cinéma pour acheter son billet, on ne surfe pas sur internet pour faire ses courses ou effectuer un virement bancaire sur un autre continent en 3 secondes, d'ailleurs personne n'utilise internet à grande vitesse puisque c'est le temps des modems 33600 bps. Les chirurgiens opèrent sans l'assistance d'un ordinateur. On ne "Facetime" pas avec sa sœur à l'autre bout du monde gratuitement. Facebook, WhatsApp, Twitter, DailyMotion, YouTube, le téléphone multifonctions, Google Glass, le Cloud, les objets connectés "the Mother", la maison intelligente qui régule sa consommation d'énergie, la voiture qui réduit les risques d'accident ? Ces technologies n'existaient pas.

Ces évolutions sont devenues tellement évidentes que l'on oublie souvent de questionner ce qu'il y a derrière ce phénomène et d'interroger comment ces avancées sont devenues possibles.

De manière générale, Les TIC regroupent toutes les activités nécessaires au traitement de l'information et à l'amélioration de sa circulation. Elles se décomposent en plusieurs grands ensembles :

1 **Le matériel informatique, l'industrie des composants et l'électronique grand public :** Apple, Miscrosoft, HP...

2 **Les services audiovisuels :** les services de la VOD, Netflix, une web-radio ou une webTV, des web-conférences...

3 **Les équipements de télécommunication tels que les Smartphones anciennement appelés téléphones portables,** qui se sont généralisés comme outils de communication par excellence. Les ACM tolèrent généralement son utilisation mais un règlement est établi avec l'équipe d'encadrement afin de ne pas nuire au fonctionnement du séjour (exemple : utilisation autorisée seulement pendant les temps hors activités).

4 **Les logiciels et les services, qui rassemblent les sociétés de Conseil en Système d'Information, les éditeurs de logiciels et les sociétés de Conseil en Technologies. Sur cet ensemble, le courriel (l'e-mail)** a détrôné la lettre. Il s'agit d'une nouvelle génération d'écriture permettant une communication instantanée. Néanmoins, il est nécessaire de sécuriser cet accès à la communication. Sur le même modèle, nous avons **les réseaux sociaux qui réunissent un ensemble de personnes par un lien social où la communication est quasi instantanée.** Attention à ces modes de communication qui peuvent être dangereux si leur utilisation n'est pas maîtrisée parfaitement, notamment dans les relations animateur/jeunes pendant et après l'ACM.

Ainsi, les TIC constituent un facteur de croissance formidable, avec un accès à la connaissance dont on peut interroger les limites. L'animation reste le parent pauvre de ces technologies pour lesquelles les mouvements d'Éducation Populaire sont dans un dilemme entre responsabilité critique et attentes sociétales.

Or il ne s'agit pas de juger si c'est un mal ou un bien pour notre société. L'enjeu pour l'animateur est non seulement d'accompagner et de responsabiliser les jeunes dans l'utilisation de ces outils mais aussi de créer une certaine appétence dans les activités par l'usage des TIC.

Les équipes pédagogiques doivent par conséquent prendre ceci en compte afin de s'adapter aux nouveaux modes de communication car le public évolue avec son temps et il en devient versatile. Rappelons que l'animateur doit être vigilant dans l'utilisation de ces médias, avant, pendant et après l'accueil collectif de mineurs.

Par ailleurs, les TICE "Technologie de l'Information et de la Communication pour l'Éducation" représentent un important potentiel d'innovations pédagogiques et un réservoir quasi infini de nouvelles pratiques pour les acteurs de l'éducation.

Internet, les Smartphones et autres outils de communication moderne permettent de capturer des moments et de les partager rapidement avec de nombreuses personnes sans pour autant avoir un matériel de professionnel.

En ACM, de nombreuses possibilités d'activités s'offrent aux équipes pédagogiques :

- La création d'un blog pour informer les parents du déroulement des vacances de manière ludique (mise en ligne de photos, de fichiers vidéo, possibilité de réaliser des commentaires...) et donner des nouvelles aux copains, aux collègues, à l'organisme...
- Une Web-radio ou une WebTV.
- La création d'un Journal ou d'une BD numérique.
- Le montage photo et vidéo pour garder des souvenirs de sa colo ou de son centre, voire monter des projets avec des jeunes (lipdub, flashmob, harlemshake,...) visant l'intégration d'activités et de valeurs éducatives.
- Des jeux de piste avec des QR Codes...

Toutes ces activités permettent effectivement d'intégrer les TIC dans un but pédagogique mais elles permettent aussi une sensibilisation à une utilisation efficace aussi bien pour l'enfant que pour les équipes pédagogiques.

C ACTIVITÉ ET ENVIRONNEMENT

L'éducation à l'environnement pour le développement durable : définitions.

La situation actuelle des relations entre l'homme et son environnement a été objectivée scientifiquement vers la fin du XXe siècle. Les capacités scientifiques et techniques permettent, d'une part, de démontrer les impacts néfastes grandissant de l'humanité sur la planète (changement climatique, amincissement de la couche d'ozone, contamination de l'air et de l'eau, destruction d'écosystèmes, diminution de la biodiversité), mais, d'autre part, elles soulignent que ces évolutions n'ont rien d'inéluctable et que les moyens d'influer durablement existent toujours.

"Répondre aux besoins du présent sans compromettre la possibilité, pour les générations futures, de pouvoir répondre à leurs propres besoins"[30] : telle est l'ambition du "développement durable" qui tente de concilier le développement économique et social avec la préservation de l'environnement.

Économique
Travail
Argent
Production

Social
Parité
Égalité pour tous
Protection sociale...

Environnement
Ressources naturelles
Pollution
Faune
Flore
Patrimoine culturel

30. Rapport Brundtland, 1987.

L'éducation à l'environnement, c'est aussi bien la découverte des espaces naturels (forêts, lacs, rivières, champs...) que des espaces urbains (comprendre la manière dont est conçue la ville : patrimoine culturel, parcs urbains, équipements sportifs, modes de consommation des habitants, réseau d'assainissement de l'eau...).

L'EEDD (Éducation à l'Environnement et au Développement Durable) poursuit trois enjeux majeurs, lesquels constituent le cap de l'animateur et donnent du sens à ses actions éducatives :

1. Connaître votre environnement pour mieux le comprendre.
2. Mieux le comprendre pour vous épanouir en son sein.
3. Et vous épanouir en son sein pour avoir envie de le préserver...

Connaître et comprendre son environnement

Privilégions la **SORTIE** : stop aux supports virtuels !

Votre environnement, c'est aussi du concret. Les différents sens (toucher, goût, vue, odorat, ouïe) permettent de le découvrir au travers de mises en activités ludiques. **Nous avons une responsabilité pour éveiller la curiosité des jeunes pour le monde qui les entoure.**

Tout peut être objet de curiosité et de questionnement : quel est cet animal ? Quel est le circuit de l'eau dans une piscine ? D'où vient ce que l'on mange ? Qui fabrique mes vêtements ?... Le questionnement doit être suscité pour animer des débats, raconter des histoires ou animer une séquence de créations artistiques à partir de matériaux récoltés de-ci de-là (techniques du land art).

Il existe des mines d'informations sur internet pour alimenter les temps d'animations. Les réseaux d'éducation à l'environnement constituent également des puits de ressources et d'idées : E-Graine, CPIE, France Nature Environnement, Réseau École et Nature, ONF, les Parcs naturels régionaux et nationaux, ou encore les associations de sauvegarde de la nature : WWF, Fondation Nicolas Hulot...

Par ailleurs, de nombreuses actions issues des sciences participatives sont aujourd'hui lancées grâce à des plateformes interactives dont l'animateur peut s'inspirer. Le public peut devenir sentinelle de l'environnement en recensant des observations naturalistes pendant les sorties. Le Museum national d'histoires naturelles a par exemple lancé un projet intitulé "Vigie nature" (lien : http://vigienature.mnhn.fr/).

Quelques idées

- Pour les plus petits : narrer des contes sur la forêt et ses animaux, créer des jeux de pistes avec les traces d'un loup ami pour retrouver les ingrédients d'une potion qui va sauver la montagne de la destruction des hommes...
- Pour des ados : une veillée "Clair de lune" où ils pourront s'installer dans un champ ensemble à la tombée de la nuit pour se retrouver et discuter de différents sujets tirés au sort. L'avenir de la planète les concerne et les intéresse.

S'épanouir dans son espace de vie

Valoriser l'**ÉCO-CITOYENNETÉ** : il s'agit d'un concept né de la contraction des mots "écologie" et "citoyenneté".

L'écologie est la science qui étudie les milieux de vie, ses habitants et les différentes interactions existant entre les mondes vivant et non-vivant. La racine de ce mot provient du grec "oikos" qui signifie "maison".

La citoyenneté est le fait, pour un individu, d'appartenir à un Etat, une "cité", poursuivant un projet commun auquel l'individu participe de manière active, en exerçant des devoirs et en disposant de droits. La notion de citoyenneté peut être résumée par une équation assez simple :

CIVILITÉ (= respect de soi et des autres) + **CIVISME** (= priorité aux intérêts collectifs) + **VIVRE-ENSEMBLE** (= aucune distinction n'est admissible, chacun ayant le droit de trouver sa place dans la "cité") = **CITOYENNETÉ.**

L'éco-citoyenneté est donc le fait d'exercer sa citoyenneté en tenant compte des besoins de préservation de l'environnement. Elle renvoie aux notions de comportements éco-responsables (cf. ci-après), de laïcité, d'intégration... afin de permettre l'épanouissement de chacun dans notre société ou, plus particulièrement, au sein d'un groupe constitué. Les accueils de mineurs représentent des "micro-sociétés" dans lesquelles il est important d'instaurer ces savoir-être.

Préserver son environnement

Passer à **l'ACTION** : tendre vers l'exemplarité, en mettant en œuvre des actions éco-responsables dans la vie quotidienne.

Instaurer un comportement éco-responsable dans la vie de l'ACM.

Avant de commencer, il faut se poser les bonnes questions et vous créer votre propre discours :

1 Quel discours avons-nous sur l'environnement ?

2 Comment sensibiliser les jeunes pour qu'ils participent et s'approprient le discours ?

3 Comment faire évoluer les comportements des jeunes dans un séjour de vacances ou un accueil de loisirs ?

4 Que peut-on mettre en pratique avec des enfants ?

Pour une entrée "captivante" dans l'activité, vous pouvez commencer par éveiller l'interrogation des jeunes sur leurs habitudes quotidiennes : l'Agence De l'Environnement et de la Maîtrise de l'Énergie (ADEME) a développé un petit jeu-laboratoire en ligne qui permet de mesurer son impact environnemental.

http://archives.universcience.fr/francais/ala_cite/expo/tempo/planete/portail/labo/ademe/sommaire.html

Quelques idées

- Installer des affichettes contre le gaspillage d'énergie dans les lieux communs. Pourquoi les enfants ne les feraient-ils pas ? Petite astuce : placer les affichettes sur les tables du réfectoire, dans les toilettes, près des lavabos… Ce sont des endroits où les enfants auront le temps de lire.
- Éteindre les lumières après notre passage.
- Penser à couper l'eau lors du brossage de dents.
- Éteindre ou diminuer les radiateurs lors de l'aération des chambres.
- Ne pas abuser sous la douche : une douche de 5 min consomme entre 40 et 80 litres d'eau si l'on ferme les robinets pendant que l'on se savonne ; un bain consomme entre 150 et 200 litres d'eau.

- Privilégier l'utilisation de matériels de récupération pour les activités manuelles : fabriquer un capteur de rêves pour les ados est une activité propice à la création et qui leur correspond.
- Inviter les jeunes à trier, mais également à réduire leurs déchets et les sensibiliser à l'impact de ce geste : en 2009, chaque citoyen français produisait en moyenne 374 kg de déchets par an. Seulement 5 % de ces déchets sont collectés pour être traités et, pour certains, recyclés... Les jeunes peuvent eux-mêmes créer leurs poubelles de tri sélectif ou l'animateur peut récupérer des sacs plastiques transparents et des affiches adaptées auprès des déchetteries.
- Envisager avec les équipes de cuisine la mise en place d'un compost : c'est assez simple et très éducatif à valoriser dans la gestion des déchets et l'utilisation du compost *a posteriori*.
- Être vigilant sur l'identification des jeunes dans le matérialisme de la société de consommation. Il est nécessaire de veiller à adapter son discours, mettre en avant les valeurs humaines qui peuvent caractériser et embellir une personnalité et éveiller leur regard critique sur des actions de consommation banalisées dans notre société (consommer des fruits et légumes de saison...).
- Utiliser des ressources de références. Voici l'un des nombreux sites internet ressources : http://www.fondation-nicolas-hulot.org/engagement/agissez-au-quotidien-1.

Dans sa posture d'adulte-référent, l'animateur démontre les bienfaits de comportements éco-responsables simples dans le quotidien : la diminution des emballages, l'achat d'aliments provenant des filières courtes, avec moins ou pas de produits chimiques (arômes artificiels, édulcorants, conservateurs... ayant des effets néfastes sur la santé). Ainsi, les plus jeunes pourront s'approprier ces savoir-vivre et inviter leurs parents à faire de même.

L'animateur peut tout proposer à tous, à tous âges, à condition de l'adapter... et d'y croire !

- L'animateur ne doit pas oublier qu'il est "valeur d'exemple" auprès des jeunes et des enfants. Il ne sous-estime pas son rôle et adopte un langage d'éco-citoyen responsable. La qualité du message transmis dépend également de la capacité de l'équipe pédagogique à s'emparer de cette posture collectivement : la sensibilisation des pairs fait également partie du jeu, c'est l'essence de l'éducation populaire.
- Pour approfondir :
  - **Sortir !** Dans la nature avec un groupe (Réseau École et Nature),
  - Les copains des forêts, des montagnes,... (éditions Milan),
  - Mille ans de contes animaux (éditions Milan),
  - Planète Attitude (édition Seuil/ WWF),
  - Les cahiers de l'animation/ activités manuelles de récupération (éditions CEMEA),
  - La Fondation Nicolas Hulot : http://www.fondation-nicolas-hulot.org/
  - Il existe aussi quelques mallettes pédagogiques auprès des différentes associations de protection de la nature (Pastouraloup, France Nature Environnement,...), Agir pour ma planète (Milan Jeunesse).

Le petit conseil UCPA

Sur ce sujet, pas de dogmatisme : démontrer, inciter les jeunes à poser des questions, faire participer, expérimenter, toucher, sentir, admirer, écouter sont les meilleurs moyens pour que les jeunes y prennent goût !

À l'UCPA, l'effort est porté sur une gestion responsable des équipements sportifs. Deux centres UCPA ont ainsi été labellisés par l'Éco-label européen : Port-d'Albret et Bombannes. Par ailleurs, de nombreuses actions éducatives de sensibilisation à l'environnement sont proposées chaque année par les équipes encadrantes sur les sites. Toutes nos formations intègrent également un module d'éducation à l'environnement vers un développement durable (EEDD) à destination des futurs éducateurs et animateurs.

D JEUNESSE ET SANTÉ : LA RECHERCHE DU BIEN-ÊTRE

Dans la société actuelle, les médias évoquent très fréquemment la prévention de la santé, la recherche permanente du bien-être, par opposition à la lutte contre le stress de la vie quotidienne, les fatigues et autres pathologies chroniques.

Les jeunes, comme les adultes, se préoccupent de leur santé. Mais les besoins, la considération des risques et l'appropriation des "bonnes pratiques" sont appréhendés différemment en fonction de l'âge, ce qui induit sans doute "l'introuvable" terrain de prévention de la santé pour les jeunes...

Dans ce contexte, quel est le rôle de l'animateur ? Sur quels points être vigilant et transmettre des messages clés ?

Définitions

"La santé est un état de complet bien-être **physique**, **mental** et **social**, et ne consiste pas seulement en une absence de maladie ou d'infirmité." *Préambule à la Constitution de l'Organisation Mondiale de la Santé, 1946.*

À propos de l'état de santé des jeunes Français...

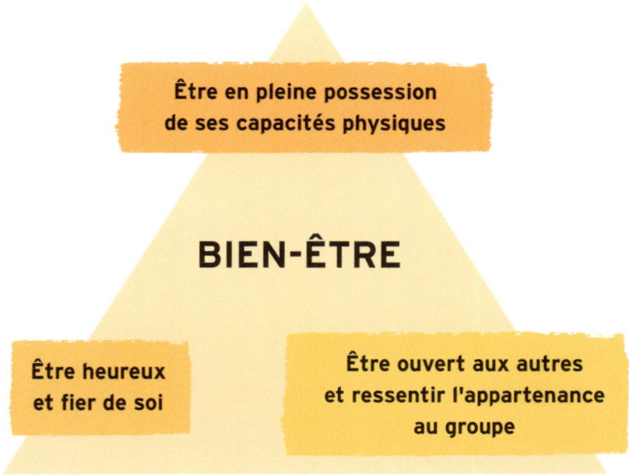

Le propre de la jeunesse, c'est d'être en bonne santé. Il paraît alors normal de ne pas penser à l'avenir, surtout lorsqu'il s'agit de faire évoluer des comportements dont on ne mesure pas directement l'impact sur sa santé. Il est donc délicat d'attirer l'attention des plus jeunes sur la prévention de leur santé future.

" Dans le domaine de la santé, les exigences des adultes sont souvent très fortes vis-à-vis des jeunes. (...) On oublie aussi que la jeunesse, de tous temps, est une période de nécessaire prise de risque, d'essais/erreurs, d'immédiateté et de provocation."[31]

31. Les jeunes : questions de société, questions de politique, sous la direction de Patricia LONCLE, Etudes de la Documentation française, 2007

Cependant, si plusieurs études affirment que la jeunesse française est en bonne santé, l'enquête décennale "Santé" de l'INSEE montre, en 2003, que près d'un jeune sur cinq ne se sent pas bien et que le niveau moyen de leur santé psychologique diminue depuis les années deux mille. Parmi les causes exprimées, de nombreux jeunes ont peu confiance en l'avenir et pensent que la société actuelle ne leur permettra pas de réussir. On notera que les garçons paraissent globalement plus confiants que les filles[32].

Part des jeunes de 15-24 ans présentant des signes de détresse psychologique (en %) en France

Source : INSEE, enquête décennale Santé, 2003.

Deux leviers majeurs pour entretenir sa santé : l'alimentation et les activités physiques et sportives (APS) ...

Sur le temps domestique, les Français passent environ 4 heures derrière un écran (source INSEE). Si l'on y ajoute le temps professionnel, cette durée peut augmenter considérablement.

Le danger sous-jacent de ce constat est l'inactivité engendrée. De nombreuses études montrent que la sédentarité, qui frappe la société dans laquelle nous évoluons, impacte de manière importante la santé des populations. L'inactivité est

32. Données extraites de l'enquête nationale sur la santé des étudiants, LMDE, 2011

une des premières causes de décès évitables dans le monde, devant la cigarette et l'alcool.

Pour lutter contre la sédentarité, plusieurs études scientifiques convergent pour montrer les bienfaits indéniables :

- de proposer de l'activité physique et sportive : se déplacer à pied ou en vélo par exemple ;
- d'apprendre à bien s'alimenter : à ce propos, il est important de prendre en compte que, contrairement aux idées reçues, la maigreur des jeunes est autant préoccupante que le surpoids.

9 repères ont été formulés par les instances de santé publique pour aider les jeunes à mieux s'alimenter et à mieux bouger (extraits du Programme National Nutrition Santé) :

- pratiquer l'équivalent d'au moins une heure de marche rapide par jour :
  - jeux de plein air,
  - activités ménagères : faire sa chambre, tondre la pelouse,
  - déplacements à pied, à vélo ou en rollers,...
  - prendre l'habitude de monter par les escaliers plutôt qu'en ascenseur ;
- consommer au moins 5 fruits et légumes par jour ;
- consommer à chaque repas des féculents, en limitant les formes très sucrées et grasses de céréales (céréales fourrées) ;
- consommer suffisamment, mais sans excès (3 voire 4 par jour), des produits laitiers ;
- consommer sans excès (1 à 2 fois par jour) de la viande, des œufs ou du poisson ;

- limiter sa consommation de matières grasses. Privilégier les matières grasses végétales (huile d'olive, de colza, etc.) ;
- limiter sa consommation de produits sucrés. Attention aux boissons sucrées, aux aliments gras et sucrés à la fois (pâtisseries, viennoiseries, crèmes dessert, chocolats, glaces) ;
- limiter sa consommation de sel. Limiter les fromages et les charcuteries les plus salés et les produits apéritifs salés ;
- consommer de l'eau à volonté, à table et entre les repas. Limiter les boissons sucrées. Pas de boissons alcoolisées ni de prémix (mélange de boissons alcoolisées et non-alcoolisées).

Pour s'informer

Les pouvoirs publics ont mis en place le Programme National Nutrition Santé (PNNS), qui a pour but d'éduquer les populations à mieux s'alimenter et à bouger plus. Un site internet est dédié et contient des informations très intéressantes pour alimenter les messages éducatifs : http://www.mangerbouger.fr/

Le temps des vacances permet, notamment chez les adolescents, de s'occuper de soi, d'apprendre à gérer son rythme de vie et ses besoins. Le rôle de l'animateur est de distiller les bonnes pratiques, d'autant que l'éducation par les pairs est un atout majeur pour transmettre ces messages.

En perspective...

La santé des jeunes est bonne. Cependant, il est important de transmettre aux plus jeunes les "bonnes pratiques" en matière de santé : bien s'alimenter, pratiquer des activités sportives, ne pas passer trop de temps derrière un écran,...

En effet, si la période charnière de l'adolescence est propice à la transmission de messages (on sait que si l'adolescent vit une expérience ou adopte certains comportements, il reproduira plus fréquemment ceux-ci à l'âge adulte), elle est également propice au développement de comportements à risques, que nous traiterons plus spécifiquement ci-après.

Afin de rendre le jeune autonome face à ces problématiques, l'éducation à la santé trouve une légitimité auprès des plus jeunes : informés et sensibilisés, ils seront ainsi en mesure de faire leurs propres choix en percevant les éventuelles conséquences à plus ou moins longs termes. Ils développeront ainsi leur libre-arbitre et leur autonomie.

E FOCUS SUR LES CONDUITES À RISQUES

Ce chapitre vise à objectiver les connaissances et les discours portés sur les comportements à risques, et plus particulièrement ceux des jeunes. L'enjeu est également de fournir aux futurs animateurs des arguments d'ordre sanitaire, plutôt que réglementaire, pour justifier leurs consignes ou les interdits.

Nous attirons l'attention sur l'usage des terminologies "conduites à risques" et "conduites addictives".

En effet, nous distinguons un comportement pouvant présenter :

- "un risque" à l'instant même de la consommation : état d'ivresse lié à une surconsommation d'alcool ou trouble du comportement lié à la consommation de substances psycho-actives comme le cannabis,

- "un risque" à plus long terme, en raison de la répétition trop fréquente d'un comportement (usage excessif du numérique, cyber-jeux...) ou d'une consommation trop régulière de substances néfastes pour la santé (alcools, tabac, drogues...). Ces conduites répétitives peuvent être définies par le terme "d'addictions", car elles induisent souvent la construction progressive d'une forme de dépendance.

Pour autant, une "conduite à risques" n'est pas nécessairement une addiction : un accident de voiture peut arriver en fin de soirée, même si le conducteur avait consommé de l'alcool en trop grande quantité pour la première fois de sa vie...

Le discours de l'adulte-référent ne se construit pas de la même manière face à ces différents comportements : si l'animateur peut être plus directif sur un comportement "éclair" à un instant T et préserver la sécurité du jeune à court terme, il est plus difficile de porter un discours impactant sur une conduite addictive déjà ancrée chez le jeune. Le rôle de l'animateur est de développer l'esprit (auto-)critique par l'information et d'être à l'écoute des plus jeunes sur les interrogations qu'ils pourraient avoir sur ces sujets, tout en restant vigilant sur la sécurité physique, morale et affective du jeune.

À propos des conduites à risque...

"L'analyse de l'état de santé des jeunes porte de plus en plus souvent sur les comportements dits "à risques", dans les domaines de la sexualité, la consommation d'alcool, de tabac, de drogues illicites, les habitudes alimentaires, la violence. [...] L'objectif deviendrait alors de supprimer ces comportements sans prendre toujours le temps de les interpréter, de les considérer pour ce qu'ils sont : une manière de signifier à l'entourage une recherche de soi-même, des interrogations, voire une souffrance."[33]

Afin d'objectiver ces comportements à risques et leurs proportions, vous trouverez ci-après un aperçu des dernières études statistiques menées sur ce sujet, sur la population des jeunes de 15/16 ans scolarisés.

Évolution de l'usage récent de tabac en France (en %)

Le niveau d'usage récent de tabac est plus élevé chez les jeunes Français que sur la moyenne européenne s'élevant à 28 %.

L'exposition à la fumée de tabac représente un risque majeur pour les fumeurs (tabagisme actif), comme pour les non fumeurs (tabagisme passif) : l'inhalation de ces substances toxiques provoque notamment une augmentation des risques de cancers et de maladies cardio-vasculaires. En France, le tabagisme actif est la première cause de mortalité évitable et est considéré comme responsable de 90% des cancers du poumon.

33. Les jeunes : questions de société, questions de politique, sous la direction de Patricia LONCLE Études de la Documentation française, 2007.

Pour s'informer et approfondir

- Le site ressources :
  Tabac-info-service (http://www.tabac-info-service.fr/).
- Des outils pédagogiques de prévention du tabagisme pour les jeunes :
  - "Libre comme l'air" : http://www.inpes.sante.fr/professionnels-education/outils/libre_comme_lair/libre.asp),
  - "Attraction - le Manga" : http://www.inpes.sante.fr/CFESBases/catalogue/detaildoc.asp?numfiche=1476.

Évolution de l'usage récent d'alcool en France (en %)[34]

La consommation d'alcool de l'ensemble de la population est en baisse depuis une quarantaine d'années : des études de l'INSERM montrent, en effet, que celle-ci a été divisée par deux entre 1960 et 2009.

Cependant, les comportements des jeunes évoluent vers une consommation excessive d'alcool dans un laps de temps court : le "binge drinking"[35]. Il faut noter que les jeunes consomment de l'alcool de plus en plus tôt.

Or la consommation d'alcool pendant la première partie de l'adolescence rend ensuite plus vulnérable à la consommation de cette substance, augmente les motivations à boire,

34. Enquête ESPAD sur la population des 15-16 ans scolarisés, volet français, OFDT - INSERM - INPES - MEN, 2011.
35. Défini par la consommation de 5 verres en 2 h pour un garçon et de 4 verres en 2 h pour une fille.

induit une perte de contrôle face à l'alcool et diminue la sensibilité aux effets négatifs. Des conséquences sur les capacités d'apprentissage, de mémorisation et un impact sur l'humeur et l'anxiété sont également relevés.

Ainsi, les conséquences négatives de la consommation d'alcool seraient plus importantes chez le "binge drinker" que chez le "buveur social" (données INSERM).

Pour s'informer et approfondir

- Le site de l'Institut national de prévention et d'éducation pour la santé (INPES) et, plus particulièrement, les pages dédiées à la consommation d'alcool : http://www.inpes.sante.fr/10000/themes/alcool/index.asp.
- Des documents analysant le niveau d'efficacité des dispositifs de prévention mis en place auprès des jeunes : http://www.inpes.sante.fr/10000/themes/alcool/interventions.asp.

Évolution de l'usage récent de cannabis en France (en %)[36]

En 2011, 24% des jeunes Français de 15/16 ans ont consommé du cannabis au moins une fois au cours du dernier mois. La France est le seul pays européen où ce taux dépasse les 15%.

Depuis le début des années deux mille, ce taux de consommation augmente, notamment chez les filles.

La consommation de cannabis engendre des troubles cognitifs impactant la capacité d'attention, le temps de réaction, la coordination et la mémoire de travail. Il a également été relevé des liens de "cause à effets" significatifs entre la

36. Enquête ESPAD sur la population des 15-16 ans scolarisés, volet français, OFDT - INSERM - INPES - MEN, 2011.

consommation de cannabis et le "passage à l'acte" (tentatives de suicide, relations sexuelles à risque...)[37].

Pour s'informer

- Le site ressources de la Mission interministérielle de lutte contre la drogue et la toxicomanie (MILDT) : http://www.drogues.gouv.fr/

Autres comportements à risques...

Les différentes substances ne sont pas listées exhaustivement. Dans les consommations nécessitant une vigilance éducative, nous citerons également :

- les boissons énergisantes,
- les médicaments psychotropes,
- les consommations d'autres substances illicites.

Par ailleurs, d'autres types de conduites à risques sont répertoriées par les pouvoirs publics, ce sont les "addictions comportementales". L'univers du numérique (réseaux sociaux, cyber-jeux) en est une des causes. Sur cette question, on parle de conduites "addictives" lorsque l'on observe des signes d'isolement, de perte de contrôle et de conflits avec l'entourage. Si internet permet de se construire une communauté d'amis virtuels, "connectés", il peut également engendrer une diminution des contacts dans la "vraie" vie, la vie "physique", et donc une forme de "mise à l'écart" de la société réelle.

Ces addictions peuvent représenter une désocialisation de manière paradoxale : les réseaux sociaux sont à l'origine faits

37. Conduites addictives chez les adolescents, INSERM, Février 2014.

pour faciliter les contacts entre les personnes, mais on peut observer une difficulté latente pour "supporter" l'autre, de gérer les relations "physiques", hors écran, en face de son interlocuteur.

... et des modes de consommation

En 2012, les Ministères en charge de la Jeunesse et des Sports ont élaboré un guide visant la prévention des conduites addictives dans le champ de l'animation.

Celui-ci met en avant les aspects conviviaux et récréatifs des consommations dites "à risques". " La recherche d'un effet euphorisant est au premier plan. Les jeunes consomment généralement en groupe, principalement les week-ends et durant les vacances. Il n'existe généralement pas de retentissement sur les activités scolaires, extrascolaires, le réseau social, la vie familiale..."[38]. Ce sont ces comportements qui présentent des risques situationnels immédiats pour le consommateur et ses pairs.

"Les jeunes peuvent également avoir une consommation à visée apparemment autothérapeutique, avec la perception initiale illusoire de parvenir à apaiser, soulager des angoisses, des tensions, des troubles du sommeil. Ils consomment dans ce cas plus régulièrement et le plus souvent seuls. Isolement social et décrochage scolaire sont alors plus fréquents."[39] Discerner ces comportements sur un temps de loisirs et/ou de vacances peut être alors plus difficile.

38. Prévention des conduites addictives et animation, MILDT - MENJVA - MS, 2012.
39. Prévention des conduites addictives et animation, MILDT - MENJVA - MS, 2012.

Face à ces problématiques, l'animateur doit se comporter en adulte-référent, en distinguant sa position personnelle (fumeur, consommateur d'alcool...) de sa posture d'éducateur. Il doit pouvoir faire la différence avec précision entre sa vie privée et sa vie professionnelle. La relation contractuelle avec son employeur lui impose d'adopter une posture de référent dans le domaine public de son champ d'intervention.

Il a pour mission d'être vigilant et de construire des relations de qualité pour créer des espaces favorables d'échanges et de confrontations avec les jeunes. L'enjeu est d'interroger les jeunes sur certaines attitudes et comportements festifs qui peuvent très vite installer une dépendance psycho-affective mais aussi déconstruire des repères sociaux. La mise en place d'un cadre relationnel sécurisant et bienveillant de la part de l'animateur pourrait favoriser l'émergence de prises de conscience pour que le jeune puisse dépasser son enfermement addictif.

L'animateur assume un rôle qui a valeur d'exemple : de l'enfance à l'adolescence, l'impact des pairs est important. L'animateur doit donc adopter un comportement responsable et sensibiliser, informer son public face aux risques évoqués précédemment : il s'agit d'une obligation de moyens mise en œuvre par l'équipe pédagogique face à des enjeux de santé publique.

L'animateur ne doit pas rester seul face à ces problématiques mais doit absolument échanger avec son directeur et son équipe pédagogique. Les situations particulières rencontrées demandent généralement un recul qu'il n'est pas possible d'avoir au moment de la situation.

La réglementation des accueils collectifs de mineurs appuie l'animateur dans son rôle. Cependant, nous entendons encore trop fréquemment "l'interdit réglementaire" pour expliquer l'absence d'alcool ou de cigarettes dans les ACM : il s'agit de ne pas oublier que cette réglementation vise, avant tout, à protéger les plus jeunes, qui ne disposent pas encore de la connaissance et du recul nécessaire pour effectuer des choix raisonnés. L'équipe éducative contribue à la construction de ce libre-arbitre pour donner aux plus jeunes la possibilité de choisir en connaissance de cause leurs modes de vie de demain.

La posture de l'animateur demande un engagement ferme vers de fortes valeurs qui l'oblige à se positionner en cohérence et à avoir évolué sur sa connaissance personnelle... comment peut-il aider les autres autour de lui s'il ne sait pas qui il est, et quelles seront ses réactions et attitudes face au rituel transgressif de l'adolescence ?

F LES SITUATIONS DE VIOLENCE

"... Face aux situations de difficultés et d'angoisse, les chercheurs montrent qu'il existe trois solutions pour le jeune afin d'y faire face et de préserver son intégrité :

- **se soumettre :** mais il faut de la gratification en contre partie ;
- **fuir :** l'augmentation des violences autodestructives montre que les jeunes ont de plus en plus recours à cette solution ;

- **lutter, mettre en mots,** mais il faut avoir des espaces de parole à sa disposition, un vocabulaire suffisamment développé pour exprimer ses pensées et que le conflit soit posé et assumé par les adultes ; or il existe de nombreuses carences en ce domaine.

Quand aucune de ces solutions n'est applicable, il ne reste que le passage à l'acte pour gérer ses angoisses, la violence devient alors le premier des antidépresseurs."[40]

Nous distinguerons trois grandes catégories de violence :

Les violences délictueuses : ce sont des actes d'atteinte aux personnes ou aux biens, passibles de sanctions pénales.

Les violences d'attitudes : ce sont des actes qui apparaissent souvent comme peu graves quand ils sont considérés isolément. Leur répétition et leur accumulation créent un climat collectif d'oppression et entraînent une souffrance importante chez la victime.

Dans cette catégorie, on retrouve notamment les insultes, l'impolitesse, le refus des règles de vie, la provocation, la menace, le harcèlement entre jeunes ou avec les adultes, mais aussi le manque de respect aux biens et au matériel des institutions.

Il ne faut surtout pas minimiser l'impact négatif des violences d'attitudes et ne pas laisser s'enclencher un processus de dégradation des relations.

40. Philippe Lebailly "La violence des jeunes, comprendre et prévenir"

Voici quelques recommandations

- Ne pas laisser faire des comportements discréditants qui remettraient en cause le cadre éducatif fixé par les adultes. Dans ce sens, il apparaît important de fixer des règles structurantes et valables pour tous (animateurs et jeunes).
- Dans le cas de tensions palpables dans le groupe, l'animateur peut mettre en place une procédure partagée avec les jeunes au sein de laquelle ils arrivent à différer leurs pulsions et/ou leurs envies.
- Être présent auprès des jeunes dans les temps de vie collective. Les violences d'attitude se développent notamment lorsque les animateurs sont absents (être à table avec eux, partager les espaces communs dans les temps intermédiaires entre les activités...).
- Mettre en place des temps de débats entre les jeunes afin de faire émerger certaines problématiques de la vie collective ainsi que l'expression de sentiments, opinions, avis...
- Proposer des activités de création et d'expression visant à faire valoir leur personnalité et leurs potentialités.

Le refus d'activité

Le refus d'activité n'est pas systématiquement une violence d'attitude, le jeune peut manifester l'envie de ne rien faire, de vouloir faire autre chose... cela questionne notamment le type d'organisation de l'ACM : les jeunes ont-ils une liberté de choix voire de décision sur leurs loisirs et leurs vacances ?

La question éducative de la place du jeune en ACM en lien avec le processus de participation coopérative, induit l'ouverture d'un espace de parole. Celui-ci permet l'expression de réelles demandes, d'envies et de besoins, auxquels les projets d'animations ou les temps informels doivent pouvoir répondre afin de construire du sens collectif.

Les violences institutionnelles : ce sont des actes produits par des institutions qui peuvent générer de la maltraitance institutionnelle (état de la structure d'accueil, organisation...) et de l'abus symbolique (abus d'autorité, non prise en compte de la parole des enfants).

Dans l'organisation de l'ACM, le déroulement de la journée peut générer une forme de violence institutionnelle.

Voici quelques recommandations à l'intention des animateurs :

- Il ne faut pas rester indifférent lorsqu'un membre de l'équipe pédagogique ou de l'équipe technique s'amuse aux vexations, aux attitudes assimilables à du racisme, aux comportements sexistes, aux brimades, à l'abus d'autorité, aux punitions arbitraires.
- Il faut être vigilant au respect de l'intimité, notamment dans les lieux collectifs, les toilettes et les douches.
- Il est important de respecter la sphère personnelle du jeune, au travers de ses affaires personnelles et confidentielles (courrier, e-mail, Smartphone...).
- L'organisation de la journée doit pouvoir laisser place à l'initiative des jeunes.
- Le déroulement de la journée doit être sécurisant pour l'enfant et le jeune (la nuit, les activités, la vie quotidienne).
- Les animateurs doivent respecter leurs engagements ou leurs contrats moraux avec les jeunes et, dans le cas d'un changement de situation, il est important de l'expliquer.

Les équipes pédagogiques doivent se soucier de la qualité du cadre relationnel qu'elles mettent en place avec les jeunes. L'enjeu étant de rassembler le groupe autour de valeurs humaines d'écoute et de respect, tant individuel que collectif. Ce socle permet d'harmoniser les relations et de diminuer les tensions inhérentes à l'organisation d'une journée.

Le laisser-faire et les temps en autonomie

L'animateur peut être dans une posture pédagogique du "laisser-faire" qu'il a généralement du mal à cerner. En effet, soit il pense qu'il ne fait rien, soit c'est une facilité pour l'animateur de ne rien proposer. L'intention pédagogique ne doit pas être dans cette idée du "laisser-faire" où l'animateur ne se préoccupe pas de son public, mais plutôt dans une posture où il suscite des temps d'autonomie rassurants au sein desquels l'enfant ou l'adolescent évolue à sa guise.

Nous retrouvons souvent des enfants contraints de participer à des activités qui s'enchaînent. Lorsque nous prenons du recul sur le rythme de la journée, nous serions nous-mêmes épuisés de l'enchaînement des temps d'animation. Il s'agit d'une forme de violence institutionnelle du fait de l'organisation de l'ACM. L'animateur doit penser à ces moments où le jeune est maître de son temps sans pour autant qu'il soit en "activité" afin qu'il puisse vivre ses vacances selon ses envies. Ne rien faire, ne pas être en activité, c'est aussi un besoin de l'enfant et de l'adolescent que l'animateur doit prendre en compte. Il n'a pas le devoir de mettre sans cesse en activité l'enfant et l'adolescent, mais plutôt de répondre à une intention éducative quels que soient les temps de l'ACM.

La violence est un acte qui génère un préjudice physique et/ou moral. Ce non respect engendre une sanction. Les violences en ACM relèvent plus d'attitudes que de violences délictueuses graves. Dans tous les cas, le degré de gravité des violences doit être apprécié avec une dimension éducative (voir chapitre punition et sanction).

L'animateur ne devra pas confondre conflit, agressivité et violences, ou affirmation de soi, agitation et besoin de dépense physique. Le conflit est salutaire et fait partie de la relation humaine où se confrontent besoins, intérêts, valeurs de chacun. L'agressivité permet aussi de se structurer et de s'affirmer lorsqu'elle est canalisée vers des buts constructifs.

Généralement, il est conseillé d'essayer de rester calme, d'agir sans colère ni esprit de vengeance ou plaisir de domination. Il ne faut surtout pas se mettre à la place de l'autre, au risque de vouloir excuser l'action violente : on peut comprendre sans pour autant excuser. Enfin, l'animateur devra prendre en compte les émotions générées par la situation, tant chez les personnes directement impliquées que chez le collectif environnant.

L'animateur doit pouvoir se situer à la fois dans la proximité et dans une distance pédagogique lui permettant une prise de recul sur ses interventions. C'est ce mouvement évolutif qui permet à l'animateur de ne pas confondre ses missions éducatives auprès des jeunes. Il garantit la cohérence du cadre et des règles de fonctionnement et de vie du groupe.

G L'ÉDUCATION À LA SÉCURITÉ ET L'APPROCHE DU RISQUE CHEZ L'ADOLESCENT

Vivre l'adrénaline et les sensations fortes, découvrir des paysages, partager des émotions intenses dans des situations qui sortent de l'ordinaire, avoir l'impression de vivre une expérience unique sont des motivations légitimes pour un séjour de vacances. Dans le cadre de ses ACM, l'UCPA organise des activités de plein air en se confrontant au dilemme suivant : la prise de risques dans l'activité et l'éducation à la sécurité. Elle s'attache à changer l'image que les jeunes ont de certaines activités afin de faciliter leur pratique.

Sécurité, risque et autonomie

Le risque zéro n'existe pas et à moins de faire de la nature un parc d'attractions aseptisé, il n'est ainsi pas possible de prétendre évoluer en toute sécurité. Tout se passe comme si les risques de la vie de tous les jours jamais remis en cause, y compris sur d'autres temps de loisirs, prenaient une dimension inacceptable dès qu'ils s'inscrivent dans le cadre de pratiques sportives et des ACM. Certains risques ne peuvent pas être réduits à néant, notamment les **risques objectifs**, tels que la chute d'une pierre en montagne.

Le plein air, un terrain de jeu particulier

À la différence d'une salle d'animation, la pratique en plein air se caractérise par une incertitude et une évolution constante du milieu (le vent, la température, les courants d'une rivière ou de l'océan, la nature du sol...). Évoluer dans un milieu vivant, variable et varié, constitue une richesse incontestable pour les activités de l'animateur. Même si la pression est forte dans une société marquée par les nombreux principes de précaution et injonctions, "aseptiser" le plein air serait ôter non seulement l'intérêt éducatif mais aussi le plaisir du jeu dans l'activité.

Aussi, un jeu de piste en autonomie dans la nature a tout son sens en ACM. De même, parce que la pleine nature ne se limite pas à un parc de remontées mécaniques, à un site d'escalade aménagé, skier hors piste, grimper en terrain d'aventure restent des aboutissements, non pas uniques, mais légitimes et raisonnables pour le glisseur ou le grimpeur averti... ou encore en apprentissage.

Une demande sociale légitime

Les activités dites "à risque" sont proposées parce qu'elles sont des pratiques très appréciées des adolescents. Ludiques, fun, grisantes, tendance, valorisées, il est donc **socialement pertinent de s'en préoccuper.** Il est de notre mission d'organisateur d'ACM de préparer et former les jeunes à ces pratiques, de leur donner des clefs de lecture. En outre, ces pratiques sont également **riches sur le plan des valeurs** qu'elles permettent de développer et des logiques qu'elles imposent : rapport à la nature, à l'autre, à l'incertitude (analyse, gestion du risque, prise de décision).

Ces activités sont un moyen idéal pour découvrir et comprendre un environnement. Plus qu'un moyen privilégié de sensibilisation et de protection de l'environnement, la progression et l'autonomie des jeunes dans le milieu passent par une très bonne maîtrise de son fonctionnement (construction d'un itinéraire, lecture des bancs de sable et baïnes à l'océan, organisation des repas en itinérance, mise en place d'un protocole de secours en cas de besoin). Ainsi, plutôt que parler de prise de risque, il est préférable d'inverser l'approche et de se poser la question de l'apprentissage de la sécurité en pleine nature.

Adolescence et prise de risque ?

L'adolescence est souvent présentée comme **l'âge de tous les dangers et des prises de risques.** Sans même aller jusqu'à rappeler que la prise de risque, plus ou moins consciente, peut constituer un passage pour l'adolescent dans la construction de sa personnalité, on peut s'interroger sur les amalgames pouvant exister entre conduites addictives et risques inhérents aux activités notamment sportives.

La notion de danger est pervertie par l'expansion du principe de précaution de l'environnement et de la santé à tous les secteurs de la vie sociale. Le goût du risque n'est pas un invariant du comportement adolescent[41]. En revanche, la construction de ses propres repères et la recherche de ses limites motivent l'action. Les termes "conduites à risques" et "prises de risques" laissent à penser que le risque est quelque chose de nuisible, qu'il faut éliminer le plus possible. À l'inverse, la prise de risque peut plutôt se définir comme étant l'énergie déployée en fonction d'un but à atteindre : elle permet de grandir et de progresser. En risquant, l'adolescent expérimente, il parfait des essais et peut donc se

41. A ce titre, l'approche défendue par David LEBRETON (LEBRETON David, *Passions du risque*, 2000) pour qui les activités sportives dites à risque constituent pour l'individu un moyen de mettre en jeu son corps dans la recherche de ses limites, est discutable, elle ne peut être généralisée pour tous les adolescents.

tromper : c'est ainsi qu'il devient solide. Plutôt que prendre des risques, il a besoin de faire des expériences[42].

Afin de limiter la transgression des interdits tant sur les activités que sur la vie quotidienne, la démarche pédagogique de l'UCPA s'attache à mettre à l'épreuve l'individu. Cette **mise à l'épreuve fait l'objet d'un cadre réfléchi d'action**. L'animateur BAFA et les moniteurs sportifs ont la responsabilité de proposer des **mises en situation de résolution de problèmes adaptées**. Ces dernières se présentent comme le garde-fou à une exposition imprudente au danger.

"On peut proposer à l'enfant et surtout à l'adolescent des situations qui demanderont un engagement réel, face à des obstacles sans complaisance. L'adolescent aime à se vaincre en vainquant l'obstacle. Il a besoin de s'éprouver dans le risque défié. Les sports de plein air offrent une très riche palette de situations qui plongent le pratiquant dans un monde éprouvé comme dangereux, doué d'un grand pouvoir de motivation : alpinisme, ski, sport de voile, plongée sous-marine, camp itinérant en pleine nature. [...] Les colonies de vacances représentent un lieu privilégié d'éducation où le sport peut devenir une aventure enthousiasmante pour l'enfant et l'adolescent. La pratique sportive deviendra une véritable prise de connaissance du milieu : une randonnée à bicyclette, une descente en canoë, impriment la réalité rugueuse ou fluide de l'environnement dans toutes les fibres de l'adolescent, dans sa kinesthésie et dans son affectivité." [43]

42. In Michel FIZE, L'adolescent est une personne, Seuil 2006..
43. In PARLEBAS Pierre, "Sport en jeu", vers L'éducation nouvelle, hors série, 1987, p.102-103. ["Apport des activités physiques à l'éducation globale de l'enfant", texte publié dans *Vers l'Education Nouvelle*, numéros 256-257, octobre-novembre 1972].

Prise en compte des risques

Pour pratiquer dans les meilleures conditions de sécurité, il est possible de diminuer les risques par **un aménagement du milieu**, par l'**utilisation d'un matériel adapté**, complété par l'utilisation d'un matériel de sécurité. La diminution des risques passe également par la mise en place d'activités **adaptées** au niveau du public. L'animateur doit pouvoir prendre une marge de sécurité pour ne pas exposer les jeunes à une mise en échec qui pourrait avoir un impact sur sa sécurité. C'est ainsi que la mise en situation de résolution de problèmes est possible dans certaines situations et impossible dans d'autres.

Plus que se contraindre à une aseptisation des risques dans un souci de sécurité, l'acte éducatif dans les activités devra passer par une analyse préalable à un engagement en connaissance de cause, adapté aux capacités et au discernement de chacun.

Un des stades ultimes de l'apprentissage serait l'acceptation du risque. En effet, cela renvoie à une éducation qui prône l'engagement et la prise de décision. La prise en compte des risques doit être continue et constamment réinterrogée.

Autonomie et sécurité active : vers une éducation à la gestion du risque

Nous cherchons à amener les jeunes vers une attitude responsable et autonome. Cela nécessite de rendre chacun acteur de sa sécurité, mais aussi de celle des autres avec lesquels on évolue ou l'on cohabite. C'est ce qu'on appelle la sécurité active. Celle-ci renvoie à tous les éléments mis en œuvre afin d'éviter un accident. Les connaissances en matière de sécurité sont des techniques au même titre que d'autres apprentissages.

La tendance actuelle à la surprotection doit alors nous interroger. La protection à court terme peut être contre-productive au niveau de l'acte éducatif, en raison d'une baisse du niveau de vigilance, car à l'évidence, dans un tel cas, le jeune n'aura pas construit une capacité à prendre des décisions, il n'aura pas acquis les bonnes clefs de lecture et d'analyse pour évoluer en sécurité.

Aussi, refuser le tout sécuritaire, mais en intégrant en permanence la sécurité dans la démarche pédagogique est incontournable.

L'incertitude du milieu met à l'épreuve la perception du jeune et développe ses facultés motrices[44]. La prise d'informations et la capacité à traiter ces informations constituent un pilier transversal à l'apprentissage au sein des activités de pleine nature. Elles permettent de réduire l'incertitude et de décider.

Ainsi, dans le cas des sports de nature, la progression est indissociable de la connaissance du milieu et de la prise en compte de ses variations. La pratique régulière et autonome des sports de nature passe par un apprentissage spécifique de la sécurité. Le pratiquant est acteur de sa sécurité, il partage cette préoccupation avec les autres pratiquants : observation, vigilance, bon sens, respect des consignes, prise en compte des autres (parade, assurage). Dans certains sports qualifiés de sports individuels, la prise en compte des autres est capitale, dans la mesure où l'évolution seule est souvent problématique pour des questions de sécurité (plongée sous marine, escalade, ski hors piste...).

44. PARLEBAS Pierre, *Contribution à un lexique commenté en sciences de l'action motrice*, Paris, INSEP, 1981.

La problématique réside dans le rapport à la gestion du risque. Il s'agit d'amener progressivement l'adolescent en situation de gestion réelle de situations potentiellement à risque. Cela se traduit par des projets "engageants" : des déplacements à pied en autonomie, des grands jeux en milieu urbain, des vols en autonomie en parapente, du hors-pistes, etc. Toute la finesse repose sur le "bon positionnement du curseur", en fonction du niveau des pratiquants et des contraintes du milieu.

La responsabilité, une obligation assumée

Le problème prioritaire relève de notre responsabilité morale et personnelle, responsabilité des différents professionnels et des animateurs BAFA, qui se posent en permanence la question du risque potentiel. Il s'agit de maintenir constamment le bon niveau de vigilance.

Voici un exemple d'activité pour laquelle nous avons une démarche pédagogique spécifique :

le ski en autonomie

Aujourd'hui, les stations de ski présentent des domaines skiables avec un bon niveau de sécurité : l'aménagement des pistes, la signalétique, le personnel des remontées mécaniques et notamment les pisteurs secouristes font du domaine skiable balisé un terrain de jeu à l'incertitude fortement limitée. Il est fréquent d'observer des adolescents skier seul ou du moins en groupe sans la présence d'adulte. On peut raisonnablement penser que cette possibilité d'être "entre soi" constitue une motivation majeure pour l'activité. À partir du moment où le public maîtrise sa vitesse et sa trajectoire, sait lire et comprend la signalétique, connaît son niveau de pratique, la présence d'un adulte ne semble pas être indispensable. Par cette mise en situation pratique sans la présence d'un adulte, les adolescents sont appelés à répondre aux questions suivantes :

- avec qui je skie ?
- Quel itinéraire je choisis ?
- Quel est mon rythme d'évolution ?
- Comment j'intègre le paramètre temps (pour être rentré à l'heure) ? Etc.

Ce ski en autonomie fait suite à une évaluation préalable sur les skis de chaque jeune afin de valider les compétences minimales listées précédemment. En effet, lors des séances en amont, le moniteur de ski valide l'aptitude de chacun à participer à cette séquence, il présente la zone d'évolution et aborde notamment les compétences suivantes :

- être capable de maîtriser sur le plan technique sa trajectoire,
- respecter les règles d'évolution du skieur (par rapport aux autres),
- déclencher un secours auprès du service des pistes.

Un brieffing est effectué par un professionnel de l'activité, notamment sur les conditions de pratique, les zones interdites (comme le hors-piste notamment) et la conduite à tenir en cas d'accident. Les zones de ski sont plus ou moins étendues en fonction du niveau, de l'âge, et des conditions générales de pratique. Elles peuvent aller du simple téléski à la totalité du domaine skiable. Les adolescents doivent skier par groupes de minimum trois, les téléphones portables sont allumés en mode vibreur. Chaque adolescent rentre dans son portable le numéro de téléphone du coordonnateur du dispositif, joignable à tout moment. Chaque séance de ski en autonomie fait l'objet d'un débriefing lors du cours suivant.

Les parents sont informés de cette modalité de pratique. Certains stages "indépendance", ouverts aux 16/17 ans, font même de l'autonomie l'élément central du séjour. Il est évident qu'une telle modalité de pratique, même si elle n'est pas fondamentalement novatrice, constitue un élément marqueur du projet. Le ski en autonomie, préparé et organisé, répond aux attentes des adolescents, constitue un bon moyen de responsabiliser ces derniers en leur accordant de l'autonomie, et décentre les professionnels de l'activité d'un enseignement traditionnel. L'obligation de moyen ne passe plus alors à travers un encadrement effectif, mais repose sur le travail en amont mis en place par l'équipe pédagogique (qui doit alors intégrer cette difficulté de projection sur une séance "sans le moniteur") et sur la précision des consignes de sécurité lors du briefing de la séquence. Ceci induit donc nécessairement un pari éducatif basé sur la confiance accordée à chaque mineur.

NOTES

8

Le PARCOURS de FORMATION

Informations stagiaire

Nom ....

Prénom ....

Adresse ....

Téléphone ....

E-mail ....

Numéro d'identifiant BAFA ....

www.jeunes.gouv.fr/bafa-bafd

J'ai jusqu'au | | | | | | | | *pour finir ma formation*

ÉTAPE 1 : stage de formation générale

Organisme ....

Lieu de formation ....

Dates du stage : du |_|_|_|_|_|_|_|_| au |_|_|_|_|_|_|_|_|

Numéro de déclaration de la session : ....

J'ai jusqu'au |_|_|_|_|_|_|_|_| *pour effectuer mon stage pratique*

Appréciation des formateurs

Nom, Prénom, Signature du directeur de session

Bilan pour préparer l'étape suivante

Points forts

Points à améliorer

ÉTAPE 2 : stage pratique

Organisme ....

Lieu de stage ....

Dates du stage : du |_|_|_|_|_|_|_|_| au |_|_|_|_|_|_|_|_|

Numéro de déclaration de l'accueil : .... Nombre d'enfants |__|

Tranche d'âge |__| Thématique/activité principale : ....

Séjour de vacances / Accueil de loisirs / Accueil de jeunes / Accueil de scoutisme déclaré (rayer les mentions inutiles).

Appréciation des formateurs

Nom, Prénom, Signature du directeur de l'accueil

Bilan pour préparer l'étape suivante

Points forts

Points à améliorer

ÉTAPE 2 : stage pratique

Organisme ....

Lieu de stage ....

Dates du stage : du |_|_|_|_|_|_|_|_| au |_|_|_|_|_|_|_|_|

Numéro de déclaration de l'accueil : .... Nombre d'enfants |__|

Tranche d'âge |__| Thématique/activité principale : ....

Séjour de vacances / Accueil de loisirs / Accueil de jeunes / Accueil de scoutisme déclaré (rayer les mentions inutiles).

Appréciation des formateurs

Nom, Prénom, Signature du directeur de l'accueil

Bilan pour préparer l'étape suivante

Points forts

Points à améliorer

ÉTAPE 3A : stage d'approfondissement

Organisme ....

Lieu de formation ....

Dates du stage : du |_|_|_|_|_|_|_|_| au |_|_|_|_|_|_|_|_|

Numéro de déclaration de la session : ....

Thématique de l'approfondissement ....

Appréciation des formateurs

Nom, Prénom, Signature du directeur de session

Bilan pour préparer l'étape suivante

Points forts

Points à améliorer

ÉTAPE 3B : stage de qualification

Organisme ....

Lieu de stage ....

Dates du stage : du |_|_|_|_|_|_|_|_| au |_|_|_|_|_|_|_|_|

Numéro de déclaration de la session : ....

Type de qualification ....

Appréciation des formateurs

Nom, Prénom, Signature du directeur de session

Bilan pour préparer l'étape suivante

Points forts

Points à améliorer

NOTES

ANNEXES

GLOSSAIRE

ACM : Accueil Collectif de Mineurs

BAFA : Brevet d'Aptitude aux Fonctions d'Animateur en accueil collectif de mineurs

BAFD : Brevet d'Aptitude aux Fonctions de Directeur en accueil collectif de mineurs

CASF : Code de l'Action Sociale et des Familles

DDCS : Direction Départementale de la Cohésion Sociale

DDCSPP : Direction Départementale de la Cohésion Sociale et de la Protection de la Population

DRJSCS : Direction Régionale de la Jeunesse, des Sports et de la Cohésion Sociale

JPA : Jeunesse au Plein Air

PEDT : Projet ÉDucatif Territorial

UCPA : Union nationale des Centres sportifs de Plein Air

UCPA

« LE PROJET »
ÉDUCATIF ET SPORTIF

Vivez une expérience sportive qui vous permettra d'éprouver des sensations et du plaisir, de progresser à votre rythme et selon vos possibilités.
Vous êtes au centre de notre démarche pédagogique. Vous êtes acteur de vos apprentissages.

Vivez la rencontre autrement, participez à une aventure humaine conviviale, chaleureuse et bienveillante.
Découvrez de nouveaux visages, la richesse d'autres cultures, de nouveaux horizons.
Vous êtes un individu au cœur de la vie du groupe.

L'UCPA pour vous, c'est la possibilité de :

DÉVELOPPER
VOTRE AUTONOMIE

Être conscient des risques dans un milieu et choisir son activité en fonction de ses envies.
Choisir son niveau de difficulté au sein d'un groupe dans le cadre d'une activité organisée.
Évaluer les riscues d'un milieu et adapter l'activité à son potentiel et à celui d'autrui.

ÊTRE ACTEUR
DU LIEN SOCIAL

Rencontrer et respecter les autres quelles que soient leurs différences.
Coopérer en favorisant l'émulation et l'entraide.
Partager en contribuant à la cohésion du groupe et à l'intégration de tous dans la vie collective.

ACCROÎTRE
VOTRE BIEN-ÊTRE

Découvrir le bien-être physique et le plaisir dans la pratique sportive.
Éprouver les besoins et les limites de son corps pour une bonne santé.
Avoir envie de pratiquer le sport pour le bien-être et améliorer ainsi son hygiène de vie.

HABITER L'ESPACE
DE MANIÈRE RESPONSABLE

Prendre conscience de son mode de vie et de sa culture, de l'impact de son comportement sur l'environnement.
S'ouvrir à des environnements, des cultures et des modes de vie différents.
Agir pour la compréhension et le respect de l'environnement, des cultures et des modes de vie différents.

PROJET DE FORMATION BAFA-BAFD DE L'UCPA

Fédérer le public autour de la notion de plaisir

- Favoriser la convivialité et la tolérance des différences de chacun.
- Assurer une pédagogie de la réussite et favoriser la progression de chacun.
- Amener le stagiaire à se faire plaisir dans l'apprentissage.
- Apprendre au stagiaire à susciter l'envie auprès de son public.

Favoriser la prise de responsabilités et la coopération dans une démarche d'éducation à la citoyenneté

- Contribuer à rendre le stagiaire responsable, conscient de ses droits et devoirs.
- Favoriser la libre expression, l'écoute et la prise de décision.
- Investir le stagiaire dans la vie collective et son organisation.
- Concourir à l'acquisition d'une autonomie en situation de responsabilité.

Développer un lien permanent entre les formations et les pratiques pédagogiques

- Consolider un maillage entre les différentes entités de l'UCPA.
- Permettre le contact direct avec une réalité d'encadrement.
- Favoriser la cohérence de formation entre les différentes étapes des cursus de formation.

Apporter des connaissances spécifiques aux accueils collectifs de mineurs

- Transmettre aux stagiaires des caractéristiques du public et des problématiques associées.
- Amener le stagiaire à conduire ses actions en cohérence avec le projet pédagogique.
- Former le stagiaire à l'évolution de la réglementation.

Valoriser la connaissance du milieu naturel, et l'attitude écocitoyenne

- Faire découvrir et comprendre l'environnement à travers des projets expérimentaux.
- Ancrer la globalité du stage dans une démarche écoresponsable en incluant les moments de vie quotidienne.
- Respecter l'environnement tout en le préparant pour les actions pédagogiques.

NOTES